これって
シロ？クロ？
身近な法律の
135の事例集

高橋裕次郎・村尾遼平 著

セルバ出版

はじめに

私は1991年に千代田区神田に法律事務所を開設し、2000年に事務所を千代田区麴町（上智大学すぐ向かい）に移転、現在に至ります。2011年に弁護士法人化しており、在籍弁護士は現在7名です。これまで企業法務全般、相続、不動産関係などの一般民事事件および刑事事件などを中心に弁護士活動をしてまいりました。

事務所スタッフには交通事故関連のスペシャリストや破産事件、労働事件などに強い弁護士も在籍しております。この間に2000年から2010年にかけて、弁護士としては　異例ですが、約80冊の法律書を著作や監修にて出版してまいりました。

この度、村尾遼平さんから「一般人と法律ムラの橋渡し」をする本のご提案をいただき、喜んで参画いたしました。私にとっては約15年ぶりの出版です。

今回の企画は法律書としての肩ぐるしさがなく、一般人である村尾さんが事例として挙げた＜有名な事件、村尾さんが疑問に思った小さな法律的質問の事例、最近話題の事件＞について、私が一問ごとにコメントする、という形をとりました。アプローチが成功しているかどうかはわかりませんが、もし、「知りたかった法律的テーマがわかりやすく読めた」と思っていただけたら幸いです。

また、今回の事例はかなり多岐にわたっています。楽しんで読んでいただけますとうれしいです。

では　どうぞお読みください。

弁護士　高橋　裕次郎

はじめに

世の中で仕事し、生活、活動していると色々なことに出くわしています。私自身も、あなたも。また、テレビ、新聞、雑誌を見ていると毎日のように新しい事件の報道を見ます。それらの出来事を体験し、また見聞きする中で「これって法律的にはどうなんだろう？」とプロに聞きたくなることがあります。しかし〈体験したこと、聞いたこと、関心を持ったニュース〉であっても、実際にプロ（具体的には弁護士）にそれらを相談し、その事例のプロの結論を聞くことまでする人はまずいないでしょう。

私は今回、これまで自身で身近に体験したこと、友人、知人から見たり聞いたりした事例、テレビ、新聞、雑誌の報道で見て関心を持った事件について、改めてまとめてプロ（高橋弁護士）に聞いてみました。

その中でも、今回は殺人、傷害などの犯罪名のはっきりしている、いわゆる〈荒っぽい犯罪のケース〉は少なくして、より身近な、「犯罪なんだろうけど犯罪か？　どうか明確にはわからない」、「グレー、またはシロに近いグレー」、「日常の中で出くわして、これってどう理解したらよいのだろうか？」と思うようなケースをなるべく多く取り扱うことにしました。

無罪、またはシロと判定されたケースも加えることになりました。

また、裁判が進行中なケースもかなりの数で含むことになりました。本の製作中に判決、または和解の決着を見たケースも含んでいます。

なお、今回の切り口として、＜刑法を中心に有罪か、無罪か＞を主な観点としてクローズアップしています。

なぜなら、私たちが罪を犯し裁判で有罪となれば、かなりの確率で『刑法上の犯罪』となるのに、①その罪名を知らず、②何をやったら有罪になるか、を知らない人が多いのには驚きます。

ただし、本書はご覧の通り本格的な学術書、研究書ではありません。軽く手に取っていただき、軽く必要な所だけでも読んでいただいて、本書をキッカケに皆さんにとって想像以上に身近で、知る必要のある『刑法』、その周辺法、道路交通法、を知るステップにしていただきたいです。

しかし、本書だけでもかなり前進できると推測します。

＜法治国家＞である日本で暮らしている私たちにとって、「法律を守らなければいけない」ということは当然知識としては誰でも知っている訳ですが、法律の中でも特に知っておかなければならないのが刑法です。本書でケースを章立てした7つのパターンに分けてプロの見解をまとめてお読みいただくと、改めて、＜身の回りで起こっていること＞について、どう対応すればよいか？　見えてくるのではないでしょうか？

本書を読んでいただいて、弁護士の見解のパターンを身につけられた読者の皆さんが、「道を間違えずに歩けた」となれば、筆者として嬉しい限りです。

ところで、私は高橋先生とは、同じ大学の法学部の研究会の後輩（弁護士）を通じて（その後輩とは今も2人とも接点がありません）の20年来の知り合いです。3～4年前のある案件の橋渡し役を私がしたことがキッカケに、高橋先生と何回かお会いする機会があり、お会いしている際に今回の本の企画を私が持ち掛け、高橋先生の快諾を得て、プロジェクトがスタートしました。

期せずして、一般人のビジネスマンとしてのキャリアを積んだ私と、法律ムラのベテランの域の弁護士である高橋先生とが、言ってみれば両岸から橋をお互いが20回も30回も渡って、情報交換を続ける形となりました。

その結果、今回、あまり類例のない本ができ上がった次第です。

取り扱っているテーマのジャンルとしても、多い順に①自動車事故・交通違反・交通ルールなど交通関係、②医療事故・医療トラブルなど医療関係、③詐欺（オレオレ詐欺、給付金詐欺を含む）、④大企業の不正、⑤痴漢・強制性交罪などの性犯罪、⑥パワハラ・DV、⑦ストーカー行為、⑧リニア新幹線・調布市の高速道路工事の大深度法関連、⑨ネット犯罪、⑩怒りによる暴行、⑪強盗・殺人、⑫悪ふざけ・バカな行為、⑬原発、⑭他など多岐にわたっています。

では、どうぞ、お読みください。

村尾　遼平

2023年10月

これってシロ？　クロ？　身近な法律の１３５の事例集　目次

第2章　刑法的には原則として犯罪にならないケース

第3章　他の何らかの法令で違反となるケース

第4章 法律的に犯罪にならないように見えて、犯罪になるケース

第5章 犯罪になるケース

第6章 犯罪になりそうだが無罪になったケース・無罪以前になったケース

第7章　進行中のケース・犯罪になるかならないか微妙なケース

第1章 ここ1年で起きたケース　話題になったケース

ここ1年で〈これって法律的にどうなんだろう?〉と大半の人が思った一番のテーマは①ビッグモーター事件、②ジャニーズ事務所創業者のジャニー喜多川さんの性加害でしょう。

そこで、この章では特にビッグモーターにクローズアップして、巻頭で掘り下げてみます。ジャニー喜多川さんも取り上げています。

1　ビッグモーターに見えた幾つもの問題

この会社の何がよくて、何が悪かったか？

1）まずはビッグモーターの成功要因から考えて見ます。ビッグモーターは、ここ5年間で急成長している会社です。売上高5200億円（2022年9月期）、保険料収入200億円（推定）と大変な規模です。

2）そもそも、ビッグモーターの属する＜非自動車ディーラー系の中古車買い取りセンター＞というジャンルの最大手はガリバーという会社でした。ここ5年でビッグモーターと2社の順位が逆転しています。

3）当社はここ10年で急激に成長しています。さらに、ここ5年で3倍近い成長です。

①　＜車を売るならビッグモーター～＞のCMの成功

②　多店舗展開の成功

③　副社長（損保ジャパンOB）の仕掛けが成功したと思われます（内容は不明）

4）この2社の成長のエネルギーのそもそもの原点は、トヨタ、ホンダ、ニッサンなどのメーカー系列の下取価格がガッチリ決まって動かない。↓その提示された価格に不満を持ったユーザーがこの2社などに持ち込むという構図でした。

あるビッグモーターの店舗　来店客は1人　来店していた

5）今回の問題となった内容のスキームの主導者は副社長と推測します。↓本来は副社長が一回は会見すべきです。

6）ここまで今回の問題が大きくなるまで明らかにされなかった損保業界の構造的な理由は何か？　知人である某業界ＯＢに私（村尾）がインタビューしてきました。

①　そもそも、損保業界自体が大手4社の寡占。

②　損保の保険代理店は、通常は県別単位、県別取引ですが、ビッグモーターは全国企業なので、本社サイドが担当していると推測されます↓基本、本社が手を汚して地方は無関係。

③　加えて、損保会社は普通、＜首都圏、地方の中古車ディーラー、保険代理店の子息を社員として（業界と地域社会

の底上げのため、など）ある程度受け入れています。これは地方銀行もやっており本来不正なことではありません。

④ ビッグモーターのような大口取引先の子息を預かると、特に丁重に扱われるのは容易に想像できます（私が日興証券に入社したときも、同期に某上場企業のご子息が1人いらした）。

⑤ 副社長の在職中、あるいは退社後、大口客の窓口として、損保ジャパンの担当者が個人として中古車ディーラーとしての悪知恵を教えたことも考えられます。

⑥ 一方で、ここ数年、損保会社の経費削減の観点から＜アジャスターの人員削減＞、＜画像確認によるコンピュータ査定＞がルールとして、ＯＫになりました。↓現物を見ないで査定が通るようになりました。ハンコも不要です。

このルール変更を大手の中で、一番先行したのが損保ジャパングループです。ちなみに、一番遅いのが東京海上グループです。

⑦ ビッグモーターは本社マターなので、基本、すべての案件が＜書面、画像データ＞で処理されるので、不正があっても損保会社の本社サイドは、書類、データが揃っていれば、普通は見抜けない構図です。

⑧ 損保ジャパンは合併した会社。ビッグモーターに出向した社員はほとんどが被合併会社にいた人が出されています。

以上の経過、状況から、悪意のある不正があると、見抜きにくい構造でした。

7）ビッグモーターがこれから抱える法律的課題と法律外のテーマ

＜１＞信用低下、客離れに伴う売上の下落↓これは法律問題とは無関係。

＜２＞除草剤を使って道路の木、草を枯らした件。

①　都内：10数か所で店舗前に除草剤をまいています。

②　神奈川県：平塚、藤沢では店長指示で除草剤をまいたと報道されました。

＜３＞チェーンソーで街路樹を切った。所沢市長が訴えています。

他に何件あるでしょうか？　これからも明らかになると推測します。

＜４＞車に損傷を与えた。ゴルフボールを靴下に入れて叩いて、車に傷を付けました。

↓損害保険会社からの賠償請求、車両保険金返還、器物損壊罪が問われます。

＜５＞３０００万円、５０００万円とも言われる高額の歩合給を受け取れる仕組み。

↓売上の何％が歩合給になるのだろう？

＜６＞ＬＩＮＥによるパワハラ↓脅迫になるでしょうか？

＜７＞不適切な異動、降格がささやかれています。

弁護士の見解　＜２＞＜３＞については刑事的には器物損壊罪（刑法２６１条）にあたります。民事的には損害賠償請求の対象になります。

＜４＞の車に損害を与えた行為は器物損壊罪（刑法２６１条）になります。さらに、実際の被害をより拡大化して、本来支払われるべき金額を超えた高額な保険金の支払いを受けた場合は、詐欺罪（刑法246条1項）が成立します。

＜5＞については、特に決まりはありません。↓問題ありません。

＜6＞　面と向かって言う場合に限らず、LINEによってなされた場合でも、パワハラ、脅迫に該当する行為を行った場合には、当然パワハラ行為、脅迫行為となります。

＜7＞については、労働法上では問題になりますが、刑法上は問題ありません。

今回のケースは、大規模な集団詐欺が行われたと推測します。

村尾のコメント　このケースは外から見ると、複雑なわかりにくい問題ですが、損保業界の内側を知る人の話を聞くと、不正請求が可能になった理由は、①7つも8つも要素がミルフィーユのように重なった業界特有の体質と、②大企業である損保ジャパンの経費削減の流れと、③どちらかと言えば性善説に基づいた＜現地、現物主義＞↓＜画像、データ、書面主義＞への時代の移行の流れを巧みに悪用したものとわかります。

損保業界は今後、どう再構築していくのでしょうか？

＜2＞、＜3＞のチェーンソーの使用、除草剤の使用もこの会社の企業文化の特異性を強調しています。いい意味の企業文化が完全に欠落していることがよくわかります。

かなり近い業界であるタイヤ交換と自動車部品販売のイエローハット社（「履き物を揃えること」

を経営哲学にしている）と、あざやかなコントラストを描いています。

同業他社は今回のチャンスを活かせるのでしょうか？

２ 東京都立大学の教授・宮台真司さんが襲撃された事件

被疑者は、疑われたら程なく自殺した

２０２２年都下八王子市南大沢の大学キャンパス内で突如として、外部の人に襲撃され、重傷を負いました。

警察の捜査の結果、防犯カメラに写った背の高い男性と、証拠品とＤＮＡが一致しました。その後、被疑者は自殺しました。

弁護士の見解 傷害罪（刑法２０４条）が成立します。法定刑は15年以下の懲役または50万円以下の罰金です。

村尾のコメント これは被疑者の死亡もあり、コメントしづらい事件です。時間はかかっても防犯カメラの連続追跡で加害者とみられる人物に到達できたのはよかった点でした。大学と被疑者の自宅との間にはある程度の距離があり、やや捜査の進展が予測しづらい事件でした。

3　銀座通りの強盗事件

まれにみる劇場型犯行

２０２３年5月、東京都中央区銀座の時計店（それも銀座通りに面した店）に、４人の覆面強盗が入り、高級腕時計3億円相当を奪いました。警視庁はその場を車で逃げ去る犯人たちを追いかけ、高校生を含む16～19歳の男４人を逮捕しました。全員が10代で、19歳の男がリーダーだったとみられます。

「殺すぞ！」などと脅して、バールのようなものでガラスを割り、高級腕時計約70点（3億円相当）を奪いました。犯行進行中の映像がテレビニュースに何回も流れました。

弁護士の見解　強盗罪（刑法２３６条）が成立します。法定刑は5年以上の有期懲役です。被害金額の大きさや犯行態様の悪質さから、法定刑の上限の懲役20年に近い判決となる可能性があります。

村尾のコメント　東京銀座のど真ん中で起きた事件です。おもちゃの博品館や、資生堂パーラーも近くにある現場です。映像に何回も映った女性を含めて、全くの通りがかりの人たちが多数、巻き込まれました。犯人たちが逃げ込んで、捕まった場所も都心部と言える場所でした。類似の事件があまり思い出せないパターンの事件でした。

4　狛江市で起きた老女強盗殺人事件

指示グループは当時フィリピンにいたルフィたちか?

狛江市の90歳の女性が犠牲になった強盗殺人事件。石川県出身の男性が２人逮捕されました。ルフィを名乗る人物などがフィリピンの入管施設から指令を出していました。

弁護士の見解　強盗殺人罪（刑法２４０条）が成立します。法定刑は死刑か無期懲役と重いものになっています。

村尾のコメント　実行犯は闇バイトで集められたと言われています。バイトで集められた人が、見ず知らずの人を殺せる！　しかも90歳のおばあさんを！　ということが視聴者に衝撃を与えました。

これまでの調べで、実行犯はイヤホンを耳につけて指示を聞きながら住宅に押し入り、被害者をバールで複数回殴ったそうです。

幹部たちは「おばあさんが死ぬとは思わなかった」と証言しています。

5　認定こども園の園長が通園バスに園児を置き去りにした

暑いさなか、女児は熱中症で亡くなった　スタッフたちはすぐ近くにいたはずなのに

２０２２年9月、静岡県牧之原市の認定こども園〈川崎幼稚園〉で3歳女児が5時間にわたって通園バスの中に置き去りにされて、熱中症のために死亡しました。この日は普段の運転手が休みだったため、70代の男性園長が運転していました。

弁護士の見解　このケースは業務上過失致死罪（刑法２１１条）が成立します。

法定刑は5年以下の懲役もしくは禁錮、または１００万円以下の罰金となっています。

村尾のコメント　牧之原という地名で、普通の人は有名な牧之原台地の茶畑をイメージするかもしれません。あるいは静岡富士山空港を連想する人がいるかも。

しかし、この事件の現場は遠浅の浜辺で有名な静波海岸の近くです。この町としては、全くの街中です。

バスの近くにこども園があったことからも、なんとかならなかったかと、やるせない気持ちになります。

6　西武ライオンズ・山川穂高選手の犯罪

20代女性への強制性交の疑い

西武球団の山川穂高選手。２０２２年11月に起こした20代の知人女性に対する強制性交の疑いで警視庁麻布署から書類送検されました。

A子さんとの和解は成立していません。シーツには血の跡が点々とありました。

警察は〈相当処分〉の意見を付けました。厳重処分、寛大処分のどちらでもありません。

この事件では、山川選手は嫌疑不十分で刑事的には不起訴処分となりましたが、西武ライオンズ球団の処分は無期限の公式試合出場停止と厳しいものになりました。

弁護士の見解　もし、強制性交罪（刑法第１７７条　もと強姦罪）が成立するとすれば、その法定刑は5年以上の有期懲役となっており、その範囲内で処罰されます。

村尾のコメント　私は実は隠れ西武ファンで山川選手の活躍ぶりは何回も見ていました。事態の推移はまだわかりませんが、山川選手の西武のユニフォームでの活躍が今後は見られないことは、確率が高そうです。

この事件の事実上の着地点はまだ見えません。

7　知床遊覧船の悲劇

生存者ゼロの沈没は何故起きた？

２０２２年4月、知床遊覧船＜ＫＡＺＵ１号＞の沈没事故が北海道斜里郡の知床半島西海岸沖で発生しました。乗客ら20人が死亡。行方不明が6人という事故が起きました。生存者ゼロということで、船長も死亡しました。社長の責任はどうなのでしょうか？

弁護士の見解　民事責任としては、民法７１５条の使用者責任を負います。

刑事責任としては、社長が今回の沈没事故について、回避するための措置を取らなかったとか、何らかの形で過失が認められる場合は、業務上過失致死罪（刑法２１１条）が成立します。

村尾のコメント　この事故では、沈没寸前の乗客と家族との携帯電話での会話が運輸安全委員会の報告書に記されています。「船が沈みよる。今までありがとう」、「浸水して、足まで浸かっている。冷たすぎて泳ぐことはできない。飛び込むこともできない」出港してから、この状態に至るまで何があったのでしょうか？

日常的な整備不良と、経営者にも船長にも必要なレベルのプロがいなかったことが指摘されています。

8　ジャニーズ事務所創業者のジャニー喜多川さん（故人）が行ったとされる性加害事件

犯行は数百人以上か？　と言われている

この事件は、現在はまだ訴訟には発展しておらず、被害者がメディアに対し訴えています。

この件は国連の人権理事会の「ビジネスと人権」作業部会の専門家が「数百人が性的搾取と虐待に巻き込まれるという、深く憂慮すべき疑惑が明らかになった」と会見で伝えました。

この事件は２０２３年９月、社長交代に発展しました。

弁護士の見解　ジャニー喜多川さんの被害者は多岐にわたっているようですが、それぞれの行為態様により、強制わいせつ罪（刑法第１７６条）、強制性交罪（刑法第１７７条）、監護者わいせつ罪および監護者性交罪（刑法第１７８条）のいずれかに該当することになります。

なお、＜断れない＞状況にあったとしても、脅迫の概念の認定にはなかなかならないと思われます。

民事では、＜損害は何なのか＞をハッキリさせる必要があります。

損害をハッキリさせ→慰謝料請求→支払いはありうると思います。

村尾のコメント　この問題は相当前から一部でささやかれていた一方で、ジャニーズ事務所出身の男性タレント多数が、歌に、踊りに、映画に、ドラマに大活躍するのを見ていただけに、今後の展開が注目されます。

9　コーヒー缶が破裂した

〈知らざるはこれを罰する〉の原則
２０２３年、東武鉄道西新井駅で券売機付近に置かれたコーヒー缶が突如として破裂しました。中国人男性が職場からアルカリ性洗剤を自宅で使う洗剤としてアルミ缶に入れて持ち帰る途中でした。
その結果として、缶の中で水素ガスが発生して爆発しました。２人が軽いケガをしました。

弁護士の見解　このケースは怪我人が出ているかどうか？　です。
今回は出ていますので、過失致傷罪（刑法第２０９条）が成立します。
犯罪を知らなくても犯罪は成立します。
怪我人が出ていないケースでは、犯罪は不成立です。

村尾のコメント　今回は〈知らざるはこれを罰す〉の典型的なケースです。

昔、大学時代の友人が「ゴメンで済んだら警察はいらない」とよく言っていましたが、まさにこのセリフを思い出させるケースです。犯人となった人は何とコメントしたのでしょうか？

10　インコが気になって事故を起こした

わき見運転で2人死亡、1人重傷

インコが気になって人を跳ねて殺しました。当日そのインコは具合が悪かったようです。２０２２年1月、川崎市宮前区で鳥かごのインコに触りながら、わき見運転で片手運転をしていた女性（51歳）がいました。わき見運転でワンボックスカーを運転して、自転車2台をはね、２人を死亡させて、１人が重傷を負いました。捜査関係者は「前例が思い浮かばない」と話していたそうです。

この裁判は　同年10月に禁固３年の判決が下りました。

弁護士の見解　業務上過失致死罪（刑法第２１１条）です。２人死亡、１人重傷という重い結果が出ていますから、禁固３年は妥当と思われます。

村尾のコメント　このケースは、「どっちが大事なの?」と聞けば、自ずと答えが出るケースです。インコが気になって、取り返しのつかないことをしてしまいました。

コラム／「仕事は楽しいかね」のエピソード

10数年前に、当時勤務していた会社の仕事の一部として、数人で〈仕事は楽しいかね　デイル　ドーデン　きこ書房〉を読みました。ある警備員の言い訳に関して、こんな1節があります。

①遅刻の新しい言い訳ができたらうれしい。

②最近の言い訳の会心のできのヤツ／温水暖房機がぶっ飛んだ。業者が来るのを待って1日、修理立ち会いに更に数時間必要だった。

③ボスが〈それは本当に違いない。なぜならそんな言い訳を今まで誰もしたことがないからな〉と言ったときに言い訳がうまく行ったと思った。

今回の事例集で紹介した事例についても、

①〈そんな話は聞いたことがない。まったく新しいパターンだ!〉

②どこかで、似た話を聞いたことがある。デジャブ感がある。

③またかよ!　何回同じパターンが起きるんだ!

この3つに、かなりパターン分けされると推測します。分類を楽しみながら読んでいただけたらうれしいです。↓そこに何かヒントがあるかもしれません。

第2章　刑法的には原則として犯罪にならないケース

刑法的には犯罪にならず、他の法令にも触れないが、時には社会的にペナルティーを受けるケースです。

1　アナウンサーのブログでのコメントで炎上

人工透析の患者なんて全員実費負担にさせよ！

元フジテレビアナウンサーの長谷川さんは２０１６年9月に、自身のブログで「自業自得の人工透析の患者なんて、全員実費負担にさせよ！　無理だと泣くならそのまま殺せ！　今のシステムは日本を亡ぼすだけだ！」と書いた記事で大炎上しました。その後レギュラー番組３本すべてを失いました。

弁護士の見解　この発言は対象者などの特定度が低く、これだけでは犯罪になりません。しかし、レギュラー番組３本を失ったということは、まさに社会的ペナルティーを受けたケースと言えるでしょう。

村尾のコメント　人工透析の患者1人ひとりに毎月、高額の医療費がかかります。２０２1年末の患者数は35万人弱で、年間医療費総額は約1兆６０００億円です。原則、全額公費負担です。台湾に次いで世界で2番目の有病率だそうです。

しかし、患者さんのほうから見れば公費負担がなければ、その医療費を払えない人がほとんどな訳で、長谷川さんのコメントはその35万人弱のすべての患者さんに対し、ほぼストレートに「死ね！」と言っていることに近いです。その発言は「限界を遥かに超えた」発言だったと言えるでしょう。一方で、難しいテーマをテーブルに乗せている意味はあると言えます。

2　厚かましい学生たちの居座り

ファミリーレストランに1回のみ注文して30時間以上居座った

24時間営業（当時）の関西のあるファミレスのスタッフの話です。＜飲み放題のドリンクバーと軽食＞を1回のみ注文して30時間以上も居座った学生たちがいました。30時間もいて、軽食1回では学生たちも足りないので、食事については途中で順番に店を抜け出して、近くの牛丼店で腹ごしらえをしていました。最終的には店側が「お金はいらないから出て行ってくれ」と言ったところ、渋々出ていったそうです。

弁護士の見解　この行為自体が犯罪というわけではありません。もちろん、ほめられた行為ではなく、社会的に非難を受ける行為です。

村尾のコメント　最近までのコロナ感染拡大の状況では、こういった話は遠い昔に思えます。学生たちにはどういった事情と目的があったのでしょうか？

然しながら、こういった行為にお店が困るのは当然です。

3　相続の遺産分割協議に出席せず、賛成もしない相続人に他の相続人全員が困り果てた

とにかく意思表示のない相続人

家庭裁判所で、ある家族の相続について争いになっています。Nさんとしては、現在提示されている遺産分割案に異論があります。

ある日　Nさんは相続人の1人として家庭裁判所に呼び出されました。

分割案について不満があるとして、このまま、ずーっと欠席しているとどうなるのでしょうか？

どんなペナルティーがあるのでしょうか？

弁護士の見解　このケースは犯罪にはなりませんし、特段ペナルティーもありません。つまり裁判所が呼び出したにもかかわらず、呼び出しに応じなかったとしても、原則として何らペナルティーを科されません。ずっと欠席している場合には調停は打ち切られ、審判に移行して裁判所が分割についての判断を下すことになります。

村尾のコメント　これは私の身近に起こったケースです。約20人の相続人の１人、Ｎさんだけが、「異論アリ」を表明しながら全く協議に参加せず、他の皆さんが困りました。

最終的には、相続人の１人がＮさんの留守の家を尋ねて、出席を依頼する置手紙をしました。それをキッカケに電話連絡が取れ、Ｎさんは協議に参加し、長くかかった相続は解決しました。

4　泉佐野市のふるさと納税の判決

最高裁判所の逆転判決

２０１９年、〈ふるさと納税〉制度から不適切な手法だとして国から除外された大阪府泉佐野市のケース。除外は適法なのかどうか？　大阪高裁では市の請求は棄却されましたが、市は上告しました。２０２０年６月、最高裁は「除外は適法ではない。法律の条文や立法過程の議論を考慮しても、総務大臣にこのような趣旨の基準を定めることが委ねられているとは言えない。告示のうち、過去の募集状況を問題とした部分は違法で無効だ」としました。結果、泉佐野市は勝訴しました。

弁護士の見解　今回の泉佐野市には当然、何らの犯罪も成立しません。泉佐野市の行動手法は決して適切な行動とは言えないかもしれませんが、泉佐野市がこの返礼品を決めたときに、それを禁止する法律はありませんでした。したがって、「制定されていない法律を適用されることはない」という原則から、〈除外は適法である〉とすることはできなかったのです。

村尾のコメント　このようなケースは当時ずいぶん話題になりました。一言で言えば、「その手があったか！」という感じです。何と言っても最高裁が泉佐野市の手法を認めたのですから。

泉佐野市はこのようにして２０１８年度には、１年間で約４９７億円とも言われる大金を集めたそうです。集めた金をどう使ったのでしょうか？

5　白内障の2焦点レンズ手術

単焦点レンズと2焦点レンズの選択

Ｔさんは左目に白内障を発症して視力が落ちました。そこで水晶体内の白濁した部分を除去し、1種のアクリル樹脂などを挿入するインプラント治療を受けました。その際に健康保険が使えない自由診療（当時）の2焦点レンズを選択しました。治療費用は単焦点レンズなら約5万円（健康保険の自己負担額3割の場合）ですが、2焦点レンズ治療は自由診療で約70万円かかりました。そのほうが今後のためによいと判断したからです。

一連の治療は終了しましたが、当初説明を受けたような満足できる効果は得られていません。こんなことなら単焦点レンズにしておけばよかったと悔やんでいます。単純にお金を損した印象です。

弁護士の見解　このケースの眼科医の治療が犯罪の要件を満たすことはありません。しかし、民事の損害賠償請求を受けることはあり得ます。

村尾のコメント　実は私も白内障の手術を受けています。一時は０・４まで下がった視力が現在は１・２で、非常に快適です。しかも、治療費は数万円で済みました。このケースは私のパターンよりもっとよくなる結果を目指したのに、結果はそうはならなかったケースです。、

６　＜人工透析を希望しない＞という文書への誘導

書いた＜同意書＞が理由で亡くなりました

東京都下、福生市の公立福生病院では２０１９年、人工透析治療が必要になった患者さんに対して、＜人工透析を行うか、行わないか、自分の意思で選択を求める＞ルールがあったようです。

Ｘさんは医師の勧めに従い人工透析治療を行わない決断をし、＜同意書＞にも署名をしました。その後、Ｘさんは症状がきびしくなり、夫を通じて人工透析治療再開を希望しましたが、病院にそれが正式に伝わり、人工透析治療を病院が正式に再開する前にＸさんは亡くなりました。

この件について、２０２１年家族が病院を提訴した民事訴訟で東京地裁は病院に不十分な点があったと判断して、改善策を約束する和解条項と和解金の支払いを勧告し和解が成立しました。

弁護士の見解　＜病院とXさんの合意＞は有効です。したがって、原則として病院は犯罪に問われません。そもそも患者さんは、病院においてどのような治療を選択するかを決める場合には、慎重を期して判断するべきです。

村尾のコメント　このケースは報道で知りました。日本全体の医療費負担を軽減するために、こういうことを考える病院があるのかな？　と感じました。Xさんは、ご自身がこういう結末になると想像できたでしょうか？

7　そっくり過ぎる絵。イタリア人画家アルベルト・スギ氏の絵と和田義彦氏の絵の強い類似性

絵が似すぎていて、文部科学大臣賞を正式に取り消された

並べれば一目瞭然ですが、そっくり過ぎます。

ネットでは7点の絵の比較が出ています。ネットでご確認ください。

弁護士の見解　他人の絵とそっくりの絵を描いたというだけでは、犯罪は成立しません。ただし、通常はそのようなことをする人は少ないでしょうから、和田氏の社会的評価が下がることはありう

ると思われます。

村尾のコメント　和田義彦氏は三重県出身、東京藝術大学を卒業した画家です。イタリア留学歴があり、アルベルト・スギ氏との友人関係（？）もあります。

ネットで見ると7点の絵が酷似していることは一目瞭然です。処罰する法律がなければ無罪な訳です。

文部科学大臣賞を正式に取り消される珍しいケースとなりました。取消は全く異例だそうです。

8　内定者辞退率データの販売

＜内定者辞退率＞のニーズはわかるけど

リクルートキャリア社は２０１９年、運営する就活情報サイト＜リクナビ＞のデータを分析して予測した　＜内定者辞退率＞を複数の企業に販売していました。

弁護士の見解　このケースを犯罪とする法律はありません。したがって、法律的には犯罪不成立です。ただ、企業モラルの違反は厳しく追及され、社会的ペナルティーは受けると思われます。

企業は利益追求に偏ることなく、企業倫理の重視に努めてほしいものです。

村尾のコメント　リクルートという、その分野のナンバーワン企業がこういうことをやったということで、当時、随分話題になりました。でも、そもそも情報を集めてそれを再加工してビジネスにしている会社がリクルートですから、「何がよくて何が悪いか？」を考え始めると意外に難しいテーマを含んでいます。

同社は〈社内のガバナンス体制や新卒採用事業の経営体制を抜本的に見直す〉方針を明らかにしました。

9　電力会社の社長ら幹部が町の助役から渡された金を返さなかった

高浜町元助役はそんなに偉いのか？

関西電力は　2019年発覚した収賄事件で、高浜町（福井県）元助役の森山栄治が在任中に関与していた企業から関西電力の社長ら幹部が計3億2000万円の金額を受け取らされ、返せませんでした。

弁護士の見解　関西電力のような民間企業（民間人）の場合には、刑法の贈収賄罪（刑法第197条以下）は成立しません。無罪です。しかし、当然ながら社会的非難は厳しく受けます。

村尾のコメント　３億２０００万円という大金を社長をはじめとする数人で「受け取ることになって、断れない」ということがあるのでしょうか？　類似の例はあるのでしょうか？似たような状況になった経験のない一般人にはわからない感覚です。

１）関西電力という大きな所帯の権力の見返りとしては、「このぐらいは、まあいいか？」と思ったのでしょうか？

２）地方大名とも言われる地方電力のトップの〈気の緩み〉と読み解くべきでしょうか？

３）気の弱い人が大企業のトップになってしまった故のハプニング的な事件でしょうか？なかなか理解に苦しむケースです。渡した額も巨額です。

10　自動車会社の性能データ偽装３例

フォルクスワーゲン社・日野自動車・三菱自動車のデータ偽装

１）２０１６年、三菱自動車の〈デイズ〉など４車種について、燃費をよく見せるデータ不正を行っていたと会社が発表し、謝罪しました。

２）２０１５年、ドイツ　フォルクスワーゲン社は燃費がいいことを大きなセールスポイントにしていた自社のディーゼル車の燃費検査のデータを偽装していました。発覚のきっかけとなった実験を行った米ウェストバージニア大学の実験能力は高い評価を得ました。

結果、∧本来、発売することが許されない車∨を∧不正な検査データと特殊な制御ソフト∨で通過させ、↓実際の走行では、規制値の30～40倍の窒素酸化物（NOX）を排出して走行している、という結果を招きました。

3）日野自動車は2022年、エンジンの排出ガスや燃費試験の不正を公表しました。

国から「型式指定の取り消し処分」を受けました。約20年間不正は行われていたそうです。

3社の不正はどちらも会社の信用を大きく失墜し、会社の業績を大きく落とすことになりました。

弁護士の見解　3社の不正はいずれも、刑事的に犯罪が成立するものではありません。しかしながら、社会的な制裁は当然に受けます。

村尾のコメント　3社のパターンはいずれも許されるものではありませんが、車の性能表示の問題は、意外と複雑な要素を持っているようです。ある自動車ディーラー所長経験者は「カタログの性能表示通りに走る車は見たことがない」と話しています。性能表示のための設定条件は細かく決められており、その設定条件と全く同じ条件で走ることは、実走行ではほとんどないからです。

フォルクスワーゲン社のケースは

①　検査データをよく見せるための∧特殊なデバイス∨を検査用に、わざわざつくって検査を通

実験を依頼した米国NPOは　ドイツ車の性能を疑っていなかった

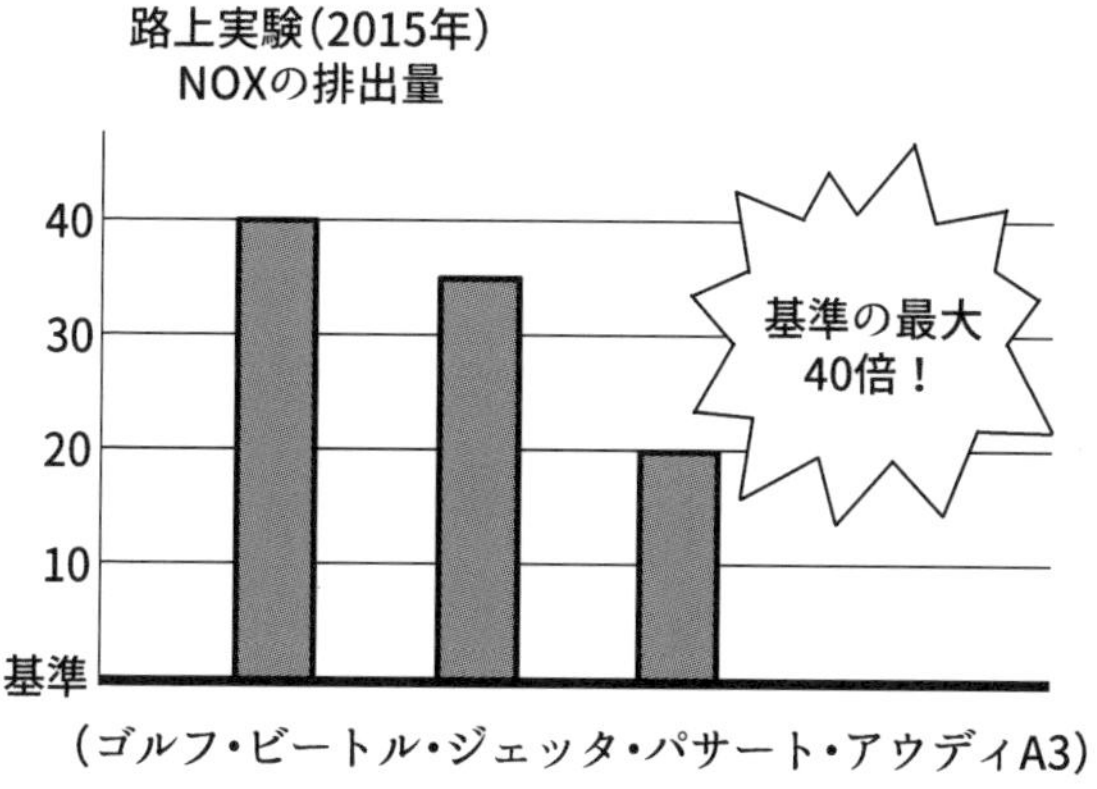

過させていました。

② その結果、量産した車で、地球環境に対して、大量の窒素酸化物（ＮＯＸ）をばらまき続けることになりました。

という2点から、その行為の悪質さ、巧妙さは、三菱自動車、日野自動車の数十倍のスケールと言えるでしょう。対象車種は２００９年から２０１５年に発売されたゴルフ、パサート、ジェッタ、ビートル、アウディＡ３、の１１００万台でした。

元会長ら４人は＜重大な詐欺行為＞で訴追されています。

またフォルクスワーゲン社はアメリカ合衆国当局と２０１６年、日本円で約1・5兆円（１４７億ドル）を払うことで和解しました。

日野自動車は不正の期間の長さが問題となります。

着地点はまだ見えていません。

11　インターネットで他の人がデザインしたイラスト、絵をダウンロードした

他の人がデザインしたイラスト、絵のダウンロード→流用はいけないのか?

他の人が使用していた映像を無断で自分のＳＮＳ画像に使用しました。果たして罪になるのでしょうか?

弁護士の見解　著作権法など、現行法の取締り法規に違反していなければ、犯罪は成立しません。もし、このような場合を処罰する必要があるのであれば、その旨の法律を制定する必要があります。

このようなケースを犯罪とする法律はまだ成立していません。なので、犯罪は不成立です。しかし、社会的に非難を受けることは十分考えられます。

村尾のコメント　このテーマはなかなか難しいテーマのようです。インターネットで検索しても∧節度ある利用∨を呼びかける程度です。判例も出つつあるようです。これからの立法措置が必要な

テーマです。

12　認知症患者が線路内で亡くなったことへの鉄道会社の損害賠償請求

自殺でなく線路内に立ち入って、はねられて亡くなったケースで逆転判決

２００７年、認知症の男性（当時91歳）が愛知県大府市共和駅近くで線路に立ち入り、快速電車にはねられて亡くなりました。その後、追い打ちをかけるようにＪＲ東海から男性の家族に約７２０万円の損害賠償請求書が届きました。

一審の名古屋地裁が全額の支払いを命じる判決を出しました。

２０１６年３月、最高裁小法廷は妻、長男いずれにも当該損害賠償義務がないと判断しました。

この逆転判決は確定しました。

弁護士の見解　ＪＲ東海が認知症ではねられた父の遺族に追い打ちをかけるように損害賠償請求をしたことは、一部に社会的非難を受けるきらいはありますが、何ら犯罪は成立しません。

村尾のコメント　このケースは、ＮＨＫの番組〈逆転人生〉で紹介され、その概要を知りました。

一審判決の根拠は民法714条です。明治時代の大家族制度を背景に、<家族共同体の成員の不始末は家の代表者が無限定に責任を負う>という規定でした。

法律の読み方としては、一審判決は妥当なものと言わざるを得ないと思います。

現在、一説には認知症患者700万人と言われる時代に、高齢者が高齢者を介護する時代に、今回の判決を最高裁が出したことは大きな意味があると考えます。

核家族化が進んだ現在に<同居していない家の代表者>、<同居している、しかし、こちらももうすぐ介護してもらう立場の老人>に一審判決のような責任を持たせることは無理があるのが実情と思います。今回の判例の判断に法律を今後、どう合わせていくのでしょうか?

13　リニア新幹線の橋本駅近くの土地買収

土地買収に応じないと、どういうペナルティーがあるのか?

リニア新幹線の話です。神奈川県相模原市橋本駅付近では外郭環状道路と同じ工法のシールドマシン工法に対する不安から、<地権者の会>の少なくとも30人が2021年1月時点で、売買交渉に応じていませんでした。用地の取得交渉が難航していました。2023年10月の時点では買収はどこまで進んでいるでしょうか?　この部分は地下40mより浅い地下をトンネルが通る予定となっているため、大深度法の適用になりません。より、住民の住み続けるリスクは大きいと考えられま

品川出発のリニア新幹線は相模川で初めて地上に姿を現し、
またすぐにトンネルに入る

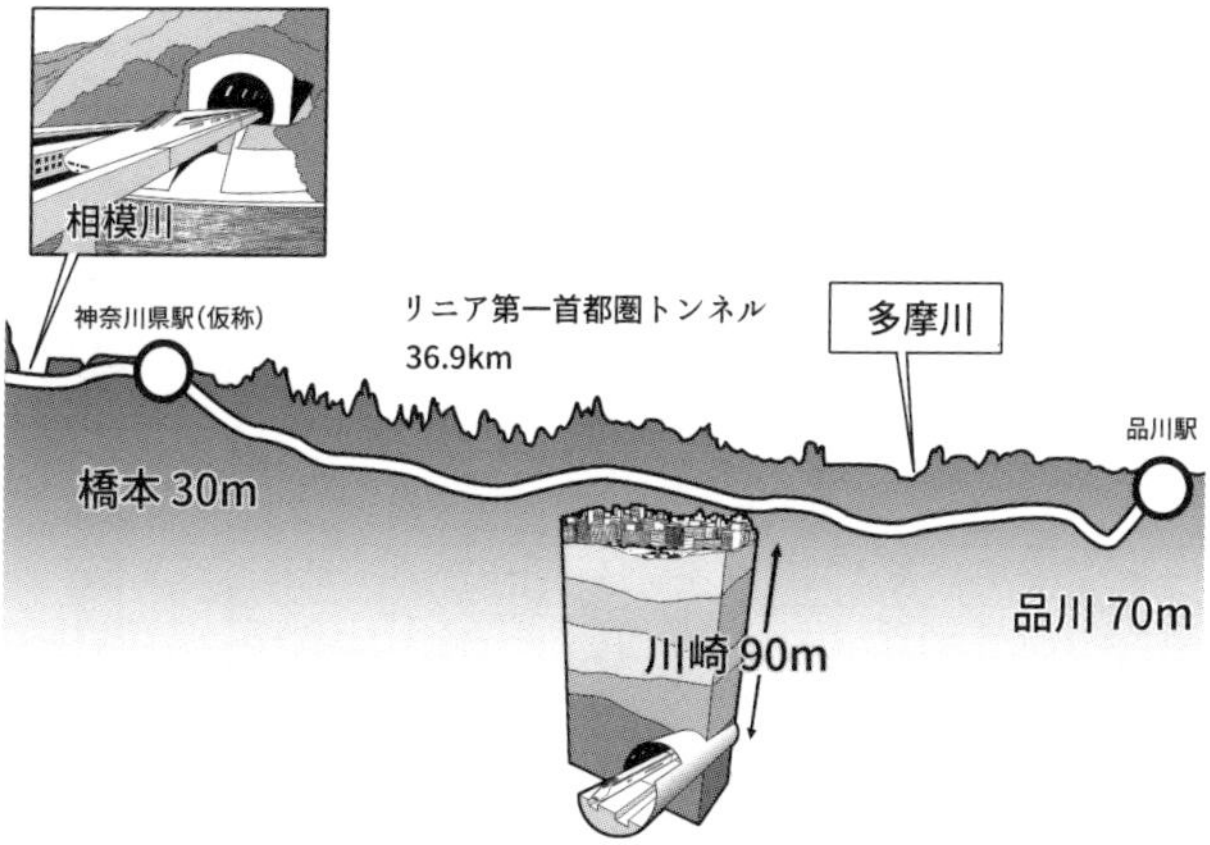

す。なので、ＪＲ東海はこの部分は対象土地全部の購入を予定しています。

反対住民がこのまま売らないと、住民はどういうことになるのでしょうか？

弁護士の見解　売らないことで犯罪は成立しません。一方、売った住民に対しては、住民の安心して居住する権利が奪われる可能性があるので、社会的には関心を集める問題です。

村尾のコメント　相模原市の横浜線橋本駅＝＜リニア新幹線　神奈川新駅＞付近では用地の取得交渉が難航していることは報道を読むまで知りませんでした。この話の結末は現在どうなっているでしょうか？

買収が終了したという報道は現時点で確認できておりません。

14　リニア新幹線の静岡県部分のトンネル工事

トンネル部分の管理は誰がする？　道なき所に管理のための道を造る義務が県にあるか？

リニア新幹線の工事についてです。２０２３年現在、静岡県が∧県内のトンネル掘削の準備工事を認めない∨ことが報道されています。では仮に静岡県が工事を認めて、山梨県から長野県に抜けるトンネルが完成したとします。その約10㎞以上の長さのトンネルの維持、管理はどの県が担当することになるのでしょうか？　一義的にはＪＲ東海が管理するのでしょうが、静岡県には一切の責任がないのでしょうか？　あるのでしょうか？

残土置き場は、県内に想定しているようですから、県は何らかの協力はするようです。

別項の日本坂トンネル事故のような事故が起きたときは、どの自治体がどの部分を担当するのでしょうか？　東京から見て、入り口は山梨県早川町、出口は長野県大鹿村にできると推測されます。

静岡県の山の地中を通るリニア新幹線に対して、本当に静岡県はノータッチでいいのでしょうか？

ちなみに地図データでは静岡県の主要地方道はトンネル予定地南方の畑薙第1ダムまでの県道60号線です。その北、直線距離で約20㎞は田舎道で二軒小屋という所まであります。更にその北約8㎞は道の表示は全くありません。この地域は南アルプス国立公園の一部および隣接地であり、日本

南アルプス国立公園のすぐ横を通る

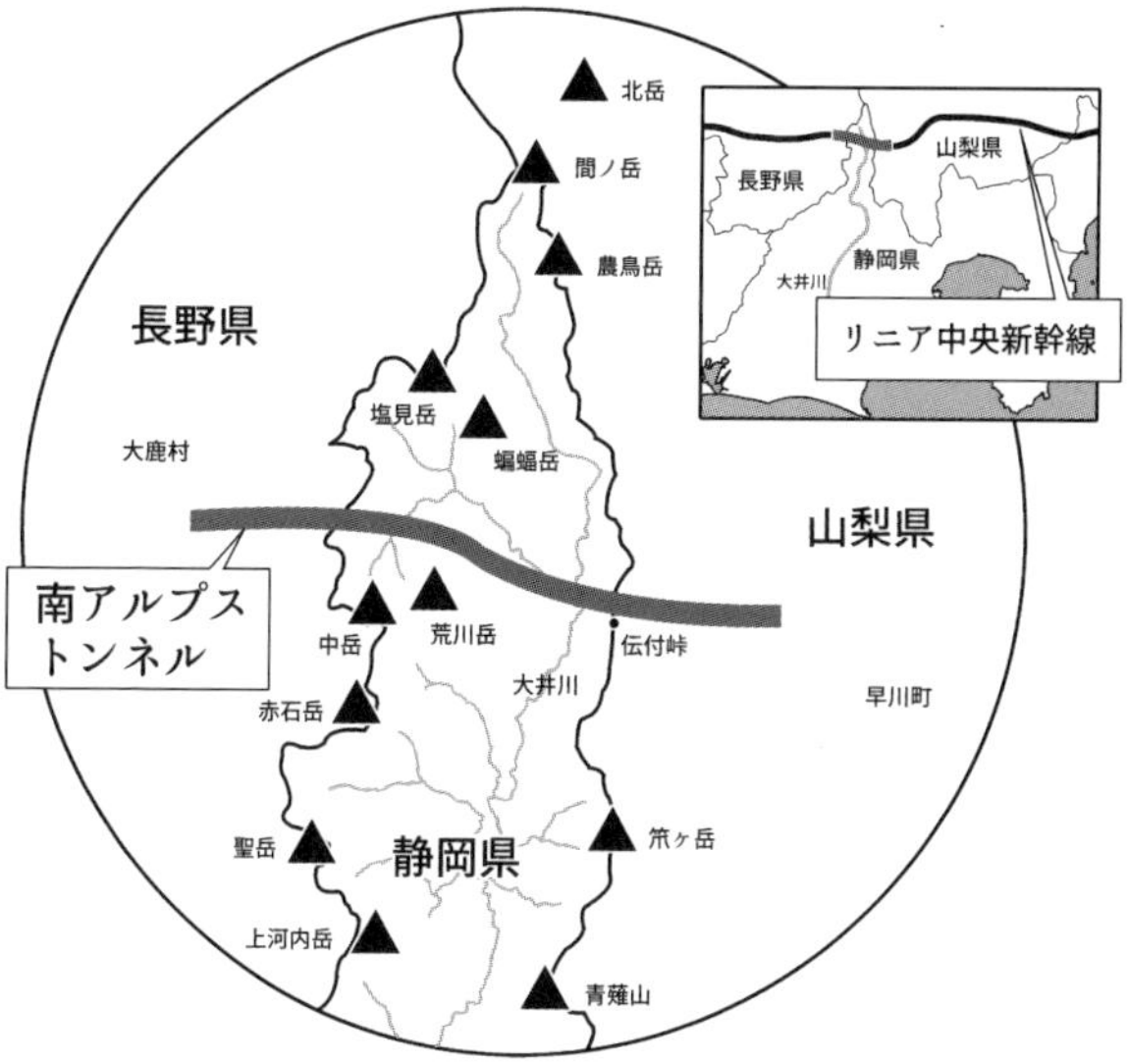

有数の貴重な自然林です。

弁護士の見解　トンネルの維持管理はＪＲ東海が行うのは当然です。静岡県にどういう義務が発生するかはＪＲ東海と静岡県との契約（協定）の内容によります。例えば、協定の中に静岡県が管理を分担するとの定めがなされていれば、それに基づき責任分担をすることになります。

　いずれにしても、静岡県の行為に犯罪は成立しません。

村尾のコメント　リニア新幹線の静岡県部分は、現在は地下水が話題になっていますが、この項で指摘したテーマもいずれ話題になるはずです。関門トンネル、青函トンネル、新清水トンネル、碓氷トンネル、など当時は画期的だったトンネルは幾つかありますが、いずれも関係する県は2県でした。

1つのトンネルに3つの県がかかわるのは初めてのケースになります。山梨県側は早川町、長野県側は大鹿村の状況は両自治体のホームページで確認できます。

静岡県が道なき所に道をつくる義務があるとすれば、どういう法律構成でしょうか？

15　日本の〈ドラッグラグ〉は何故起こる？

新しい病気が発見される度にドラッグラグが話題になる

ドラッグラグは「新たな薬物が開発されてから、治療薬として実際に患者の診療に使用できるようになるまでの時間差や遅延」のことです。主として、規制当局の承認に起因します。

弁護士の見解　いわゆる新薬については、安全性がきわめて慎重に判断されなければなりません。したがって、規制当局の承認に相応の時間がかかるのは、やむを得ないものと思われます。ただし、承認の審査が怠慢によりなされないケースがあれば、社会的非難は免れません。

村尾のコメント　近年、いろいろな病気が発見され、症状が明らかになる中で、海外の製薬会社が日本市場を敬遠する動きが顕在化しています。ドラッグラグだけでなく、ドラッグロスも指摘されています。

２０２０年までに欧米で承認された新薬は２４６品目ありましたが、このうち72％にあたる１７６品目が日本で承認されていないそうです。

16　アビガンの使用を認めなかった医師たち

「ダメなものはダメだ」が最優先する医師のグループ

コロナ専門医師で、症状改善薬アビガンの効果を認めず、頑なに使用しない医師群がいました。ひところはテレビにたまには出て来る人たちでした。かなりの数の医師達が患者さんの苦しみに寄り添い、アビガンを処方する中で、彼らは彼らの考える＜医療的信念、医療的良心＞を優先したと推測します。もちろん、彼らの本心は私にはわかりません。

もし、患者が使用を希望してもその医師が使用を認めず、結果としてその患者が亡くなったり、症状が重症化したりした場合、医師には責任はないのでしょうか？

弁護士の見解　現在、アビガンは＜臨床研究＞として使用が許されています。したがって、使いたい医師、病院は使用することが可能です。しかし、＜臨床研究＞段階の薬を医師が使わないことは許されています。使わなかったとしても責任は発生しません。

村尾のコメント　コロナウイルス感染者は当初は原則、お医者さんを選べませんでした。一部にこのような医者群が存在することは、頭に入れておく必要があると思います。アビガンを使用できた患者の比率は全患者の5％前後だったそうです。

17　逃げ出したアミメニシキヘビ

アミメニシキヘビを逃がした管理責任は

2021年5月、横浜市戸塚区のアパートから逃げ出した体長3・5mのアミメニシキヘビが、＜脱走＞から半月余りで発見され、無事捕獲されました。

近隣住民を怖がらせた騒動はようやく解決しました。

アミメニシキヘビを逃がしてしまった飼い主は、どのような責任を負うことになるのでしょうか？

弁護士の見解　逃げ出したアミメニシキヘビが人に危害を及ぼしたりしたような場合には、民事上および刑事上の責任の発生が考えられますが、本件はそのような害を及ぼすことなく屋根裏で見つかったとのことですから、原則として飼い主は責任を問われません。しかしながら、近隣住民に対しては多大な迷惑を及ぼしたのですから、社会的な非難は免れないでしょう。

村尾のコメント　アミメニシキヘビに毒性はないが、締め付ける力が強く、人に巻き付いて死亡させる危険性があり、逃げ出した場所が横浜市の住宅街だということで、近隣住民に不安が広がって、大きなニュースになりました。

結果としてＩＺＯＯ（静岡県）の白輪園長の活躍と推理などで解決しましたが、その協力がなければ、もっと問題が複雑化する可能性があった事件でした。

18　レオパレスのよく聞こえるマンション

遮音性、耐火性のレベルが低過ぎる

２０１９年2月、賃貸用アパート、マンション建設大手のレオパレスが所有、管理する全国の物件、１３２４棟で耐火性や遮音性に不備があったと報道されました。

次はネットでささやかれている思わず笑ってしまうレベルのエピソードを幾つか列記します。

①　隣の電話の会話が聞こえる
②　ピンポーン！　が鳴って出たら4軒先だったたって本当か？
③　２０１８年、調査した95棟中86棟で火事の際、延焼を防ぐ界壁がない！　ことが判明した。
④　建物の不備を指摘されると、会社の責任者が会見で「全国の取引業者が一斉に不正工事をした」とコメントした。

など、いろいろレベルの低いエピソードが伝えられています。

弁護士の見解　これは犯罪ではありません。民事では損害賠償の請求の対象になると判断します。

村尾のコメント　私の自宅から、車で約5分の所にレオパレスの賃貸マンションがあります。あのマンションでは、世上言われていることの何が起きていて、何が起きていないのでしょうか？

19　マンション用の耐震用のゴムの性能偽装

免震ゴムが免震しなかったら？

２０１５年３月、東洋ゴムがマンションを地震から守るための耐震用ゴム（商品）の耐震検査基準に関して、性能を偽装していたことが発覚しました。同年６月、社長を含む５人の取締役が引責辞任しました。

弁護士の見解　これは民事のテーマです。〈取り換える〉必要があります。

耐震検査基準をクリアした耐震用ゴムに取り替えなければいけないことは当然です。

村尾のコメント　実は横浜市市内にこの不良免震ゴムが施工されたマンションがあります。どれほどの人がご存知かわかりませんが。

そのマンションはわざわざ、耐震力強化のために大規模修繕工事をして、東洋ゴムの免震ゴムを入れたそうです。工事の後に性能偽装が発覚しました。二度目の大規模修繕工事はいつになるのでしょうか？　現在、未定だそうです。

20　薬の副作用による白内障の発症の疑い

吸入ステロイド剤の使用と白内障発症の関係性

Ｔさんは喘息の発作を抑えるため、医師の指示で吸入ステロイド剤を使用していました。何年かその薬を吸入しているうちに白内障が発症して、急速に視力が落ちました。視力が１・０→０・４まで落ちてしまったそうです。薬の吸入と視力低下に因果関係はあるのでしょうか？

弁護士の見解　このケースは因果関係の立証が難しいと思われます。この薬は〈白内障を起こさせる確率が高い〉と広く認知されているのであれば、医師が民事上の賠償責任を負うことも考えられます。

逆に、そのような症例がほとんどないのであれば、医師の過失は認定されません。

村尾のコメント　慢性病で何かの薬の処方を受け、服用や吸入を始めると、その薬の使用は長期にわたることになります。しかし、その薬の副作用がすぐ出て来るのか？　何年経って出てくるのか？　更にそれに気づくことができるか？　患者の側の対応能力によって、その人のその後のＱＯＬ（生活の質、生命の質―ＷＨＯが提唱した概念）が大きく変わって来ることになります。

　ちなみに、現在は白内障の主なリスクファクターの１つとして、吸入薬タイプのステロイド剤の使用があると日本白内障学会が報告しています。

コラム　映画〈否定と肯定〉

　映画「否定と肯定」を紹介します。これは２０１６年アメリカとイギリスが合作した、事実に基づいた映画です。映画のテーマは「第二次世界大戦時に於けるドイツ軍のユダヤ人に対するアウシュビッツ虐殺はあったか？　なかったか？」です。ヒロインはレイチェル・ワイズさん。被告となったアメリカ・アトランタ在住のユダヤ系アメリカ人女性学者は著書に関して、１９９６年ヒトラー崇拝者（ネオナチも近い関係）のイギリス人歴史家にイギリスで名誉棄損で訴えられました。

　日本、アメリカなどは推定無罪（裁判により有罪と認定されるまでは、有罪として取り扱われない）の原則ですが、イギリスはそれと異なり推定有罪が原則で、被告側が自らの主張の正しさを証明しないと有罪になります。原則の異なる国での裁判の展開です。また、①ドイツナチスのホロコーストの有無をイギリスの法廷が裁く、②シオニスト（ユダヤ民族主義者）と反ユダヤ主義の対決という構図でした。２０００年に判決。メインキャスト５人の名演もあり、一見をおすすめします。

第3章　他の何らかの法令で違反となるケース

刑法的には原則として犯罪にならないケース。ただし、他の何らかの法令の違反となるケース。あるいは違反を問われる可能性があるケース。

1　チュートリアル徳井の脱税

脱税行為の罪の重さ

お笑いタレントのチュートリアル徳井は2012年から3年間申告したが、税金を納付しなかったとして銀行預金を差し押さえられました。更に、設立した個人事務所が16年3月期～18年3月期までの3年間に1億円強の所得があったが、全く申告しておらず、重加算税と無申告加算税を含めて約3700万円を追徴され、その後、全額納税しました（以上、吉本興業ホールディングスのホームページから）。

払えばいいのでしょうか？　払っても終わらない問題は何でしょうか？

フラッシュ誌の取材に対し、あるキー局の関係者が「ニュースを見た瞬間に、徳井は終わったな！と思いましたね」と語っています。

弁護士の見解　これは〈所得税法違反〉になります。納税義務は大きいテーマなので詐欺罪より重くしているのです。

村尾のコメント　チュートリアル徳井さんは、現在もテレビの番組にほとんど出演していません。

徳井さんの犯した犯罪ははっきりした犯罪の1つです。それは前記、〈弁護士の見解〉で明確です。しかし、その犯罪は現状のように〈永久追放〉とも言える状況になるほど重いものなのでしょうか？

推測として、次のことが考えられます。

① 脱税額が巨額だった。
② 継続的な犯罪で、実行した期間が長かった。
③ 脱税していた期間の徳井本人の発言がよくなかった。

お笑いの人が復帰してテレビ番組に出ても、視聴者が素直に笑いにくいことは確かだと思いますが。

徳井さんは既にテレビ復帰を果たしました。しかし、主にBS番組で、地上波ではあまり見かけないようです。

2　歯のインプラントの治療後の不具合

400万円以上払ったのに

Wさんは歯の具合が悪く、抜本的な改善を目指して、インプラント治療を受けることにしました。6本の歯を約半年かけて治療しました。1本約70万円払い、合計約400万円以上を払いました。

治療は終了しましたが、技工士の腕が悪かったようで今もかみ合わせがうまく行きません。治療終了後1年経ってもまだ治療した歯が痛いのです。

弁護士の見解　技工士の下手、未熟は犯罪になりません。ただし、民事上の〈損害賠償の請求〉はあり得ます。「治療費を返せ！」との民事上の債務不履行責任はあり得るのです。

村尾のコメント　私は歯の治療は苦手で、なるべく歯を削らない歯医者さんを探して、そちらにお世話になっています。私のお世話になっている先生のやり方は、現在は〈スエーデン式治療〉という名前も付いているようです。しかし、今回のケースのように積極的に歯の状況の改善を目指して、かえって状況を悪化させてしまうケースを聞くことがあります。

3　手術は成功したけれども、意識は戻らなかった

その後、2年間入院した。しかも転院を求められた

Nさんはお酒の席が好きな人でした。ある日、仕事中に脳梗塞が発症して、大手の病院で手術を受けることになりました。手術は全身麻酔で行われました。

脳の手術は成功し、命は取り留めたけれども、Ｎさんの意識が戻ることはありませんでした。Ｎさんはその後、その病院が大手病院であるゆえに、そのまま入院を続けることができず、約２年の転院を含む入院生活ののち、そのまま意識が戻ることなく亡くなりました。

弁護士の見解　医師にはその手術に＜ベストを尽くす＞という義務があります。しかし、結果は請け負いません。すなわち、手術は成功することも失敗することもあるのです。

そのために、手術の前には患者のほうから「手術の結果がどうなっても医師の責任は問わない」という趣旨の同意書を書くことが一般的です。そして、その同意書の存在が、医師には責任がないとの判断要素の１つとなります。

したがって、このケースでは、医師には原則として犯罪が成立しないことはもちろんです。また、民事上の責任も原則として負いませんが、仮に医師の手術行為において過失があったような場合には、民事上の債務不履行責任（民法４１５条）ないしは不法行為責任（民法第７０９条）が生じます。

村尾のコメント　このケースは私の友人のケースです。元気で明るい人でした。陽気なお酒でしたが、しばらく前から酔うとひどく酔った感じになる面もあったようです。

元気で快活だった人との60歳前後の突然のお別れで、奥さんも、家族も、ご兄弟もだいぶメンタルなダメージがあったようです。

4　1日無断欠勤で即、解雇された

成功したタレントにとっては青春の1ページに過ぎないけど

タレントでモデルの本田翼さんは、タレント活動が本格化する前のある日、オーディションに参加するため約2年間勤めていたアルバイト先の寿司屋を1日無断欠勤しました（連絡するのを忘れました）。

それが理由で翌日、即クビになった過去があることを2019年9月のテレビ番組＜行列のできる法律相談所＞で紹介しています。どういう展開だったでしょうか？

約10年前、本田翼さんは街でスカウトされ、モデルの仕事を始めていました。しかし、当初は仕事も少なく、収入も少なかったので、生活費と活動費確保のため寿司店でアルバイトをしていました。

ある日、オーディションがあり、受けに行ったのですが、寿司店への欠勤の連絡を忘れて無断欠勤の形になってしまいました。

弁護士の見解　1日の無断欠勤で解雇をしても、犯罪にはなりません。しかし、このケースは労働基準法上問題になり、解雇権の濫用として無効となる可能性が高いです。

村尾のコメント　本田翼さんは現在はすっかり成功したタレントです。累計ＣＭ本数５６０本以上（終了分も含む）だそうです。ＣＭ女王にも何回もなっています。

なので、この一件は今となっては彼女の青春の1エピソードに過ぎません。番組でも寿司店店主と本田さんの2人は笑顔で対面し、番組内で和解しています。

しかし、この一件を法律的な側面から見ると、この寿司店のご主人の行為は見過ごせない一面を持っています。

「無断欠勤1日で解雇」は世の中では実際にはほとんど起こってないと私は理解していますが、現実はどうなのでしょうか？

5　ゴミ屋敷の強制代執行

ゴミ屋敷は地域社会の大迷惑

２０１８年8月、神奈川県横須賀市のゴミ屋敷に対し、横須賀市は15人体制でゴミ撤去の強制代執行を行いました。代執行に至った理由は物の堆積による＜害虫、ネズミ、悪臭の発生、火災の発生のおそれ＞でした。

しかし、このゴミ屋敷は3年を経て、再びゴミ屋敷となってしまいました。

ゴミを捨てられない人の中には＜ため込み病＞という病気の人もいるようです。

弁護士の見解　ゴミをため込むこと自体は原則として犯罪にはなりません。しかし、そのゴミが人体に何らかの害悪を与えたり、失火の原因になった場合には犯罪が成立し得ます。なお、これらの場合には、民事上の不法行為責任（民法第７０９条）を問われます。

村尾のコメント　他人から見れば価値のないゴミが本人にとっては〈意味のあるもの〉、〈奪われたくないもの〉で、本人と周囲との落差が甚だしく大きいと、ゴミ屋敷化する可能性が高いようです。

最近はあまり報道されませんが、件数は増加しているようです。

6　鳩や猫への餌やりでの被害

鳩や猫への餌やりで癒される人たちは糞害を気にしてくれない

近くに鳩や猫に餌をやる人がいて困っているケースがあちらこちらで起きています。

鳩の糞は汚いし、服や靴に着くと汚れます。ネットで見ると２０２０年、大阪市住吉区で10年以上鳩の餌やり行為が続いている、という報道が出てきました。私自身は数か所で見ています。

首都圏の一部である神奈川県では、他に「トビが弁当を奪う」、「シカ・サル・イノシシが畑を荒らす」の被害は、「餌やり・餌付け」が原因と指摘しています。

弁護士の見解　鳩の糞が路上に落ちていると、服や荷物や靴が汚れて困ることがあります。しかし、「鳩や猫に餌をやること」自体に、何らかの犯罪の故意は通常認められません。したがって、犯罪は成立しませんし、他の法律違反とも言い難いです。

ただし、この餌やり行為が度を過ぎているような場合には、民事上の不法行為（民法第７０９条）になる可能性はあります。

村尾のコメント　実は、私自身は首都圏でも多摩センター駅近く、赤羽駅近く、高田馬場駅近く、小田急線、京王線永山駅近くなど、何か所かで鳩への餌やり行為を見ています。鳩が集まってくる様子を見ていると、鳩は明らかに餌をくれる人を認識していて、木や電線の上からその人が来るのを待っています。その人が餌をまくと１００羽以上が一斉に地上に降りてきます。

集まって来る鳩の数が多いほど、集まった後の路上は多量の糞で汚くなります。

7　うつ病とパーキンソン病の発症は薬の副作用だった？

パワハラとうつ病、うつ病とパーキンソン病

Ｈさんはある大手上場企業に勤務していました。着実に昇進し、就職してから約20年後に部長クラスになりました。

そのとき、上司になったA本部長と反りが合わず、パワハラされるようになりました。毎日のように続くパワハラにHさんは次第に身体に変調を来し、うつ病と診断されました。うつ病に処方された薬との因果関係はわからないものの、しばらくしてHさんはパーキンソン病を発症しました。パーキンソン病を治療する中で数年後にHさんは亡くなりました。遺族はパーキンソン病発症はうつ病の薬の副作用ではないかと疑っています。

弁護士の見解　このケースについて、パーキンソン病の発症がうつ病の薬の副作用であるとの因果関係の証明はなかなかできないでしょう。因果関係を証明できなければ処方した医師に犯罪は成立しません。

次に、上司のパワハラとうつ病との関係ですが、こちらのほうは因果関係が比較的証明しやすいと思われます。そして、その場合には上司に傷害罪が成立する可能性があります。

村尾のコメント　このケースは私の昔の友人のケースです。人懐っこい、明るい人でしたが、約40年ぶりに聞いた消息が右記の通りでした。

種々の抗精神病薬、抗うつ薬、ある種の胃腸薬、血圧の薬などから薬剤性パーキンソニズム（薬剤が原因でパーキンソン病とよく似た症状を起こすこと）は現在は知られてきています。

ネットで検索すると類似の学術記事が出てきます。しかし、もちろん、Hさんのケースがそうだったと断定することはできません。現在は、薬剤性パーキンソニズムの原因医薬品として、スルピリドとハロペリドールの2剤の頻度が最も高いと報告されています。

8　人間ドックで死んでしまった

全身麻酔はリスクゼロではない

都内のN病院で起きたことです。N病院は23区内にあります。都心部と言ってもいい立地です。人間ドックで＜お値段は高いが、くつろげるインテリアの中で先進設備の人間ドックを受けられる＞と定評のある病院でした。

しかし、全身麻酔で行う人間ドックで過去に麻酔から覚めず、そのまま亡くなった人がいたと聞きます。これってどう理解すればよいのでしょうか？

弁護士の見解　一般的に全身麻酔をするときには病院はそのリスクを説明しています。その事前説明の中に、例えば「何万分の1以下の確率で麻酔から覚めないリスクがある」と説明してあれば、原則として病院の責任はないことになります。

しかし、事前説明がなかったり、あるいは麻酔への適応性などの基本的な事前チェックを怠って行ったような場合には、民法上の損害賠償責任を負う場合があります。

村尾のコメント　人間ドックで命を奪われるケースは驚きです。しかし、類似のケースが全く報道されないので、現在はこういうことは起きてないのでしょうか？　あるいは起きているけど通常のこととして報道されないのでしょうか？　ちなみに、このエピソードの病院は現在でも営業しています。

9　箱根駅伝ランナーが17歳の女子高校生とラブホテルでみだらな行為をした

18歳未満とラブホテルに行った

２０２１年、箱根駅伝で駒沢大学が13年ぶりの奇跡の大逆転優勝を果たしました。その駅伝のアンカーで10区を激走し、奇跡の逆転優勝の立役者となった石川拓慎容疑者が逮捕されました。容疑は17歳の女子高生とラブホテルに行き、18歳未満であることを知りながらみだらな行為に及んだという疑いです。それも大会直前に女子高生をラブホテルに連れ込んでいたということで、駅伝ファンの間で大きな話題となりました。

弁護士の見解　本件は、青少年保護育成条例に違反するものです。重い犯罪とは言えませんが、社会的にも影響は大きく、本人が駅伝のヒーローだったことを思うと、誠に遺憾としか言いようがありません。

村尾のコメント　ネットではこのことが「何故、バレたんだろう？」という疑問が提起されています。１つの可能性として、何らかのトラブルが２人の間で発生したのでは？　ということが指摘されています。被告の他の犯罪の可能性も指摘されています。

10　飲酒運転の検問を見て、路肩に車を停めてビールを飲んだ

「急に飲みたくなったから飲んだ」は通用するか？

Ｋさんのケース。あるところで警察が飲酒運転の検問をしていました。Ｋさんは前方にそれを見てから車を路肩に止め、缶ビールを飲み始めました。すると検問していた警官の１人がこちらに歩いてやってきて「どうしたんですか？」と尋ねてきました。

そこでＫさんは「どうもしない。ここまで普通に走って来て、ここに来てビールを急に飲みたくなったんです。なので今は身体にアルコールが入っているけど飲酒運転はしていません。別に急ぐ必要があるわけでもないから、４～５時間経って醒めてから走ります。このままほっておいてほしい」と話しました。するとその警官は「わかりました。お酒が醒めてから気を付けて帰ってください」と話して帰って行ったそうです。

弁護士の見解　本当に「急に飲みたくなった」から飲んだというのであれば飲酒運転に当たりません。実際に飲酒してからは走ってないので、飲酒運転ではないのです。しかし、もし仮に、それまでの飲酒の事実を隠そうとしてこのような行動に出たのであれば、当然に飲酒運転になります。

村尾のコメント　この話は私が本人から聞きました。豪快なタイプの人でした。

11　マンションの杭打ち工事の建築基準法のルール違反行為

100億円以上のプロジェクトが小さな違反行為で全面的に建て直し

2015年、三井不動産が横浜市都筑区のショッピングモールららぽーと横浜に隣接して分譲したマンションの、くい打ち工事を受託した旭化成建材が建築基準法のルール通り行わず、建築後数年でマンションが傾きました。外から肉眼で見ても、2つのマンションの上層階同士が肩を寄せ合うように近づいて見えました。結局、三井不動産は建物全棟の建て替えに追い込まれました。

それだけでなく、この受託会社（旭化成建材）では、別の何人もの担当者のデータ偽装が1000以上、全国的に行われていることをうかがわせる証拠が出てきました。

このマンションの建て替え費用は誰が負担するのでしょうか？

「小さい仕事の不正」が大きい仕事を根底からダメにする代表ケースとなりました。

2つのマンションは肩を寄せ合っているように見えた

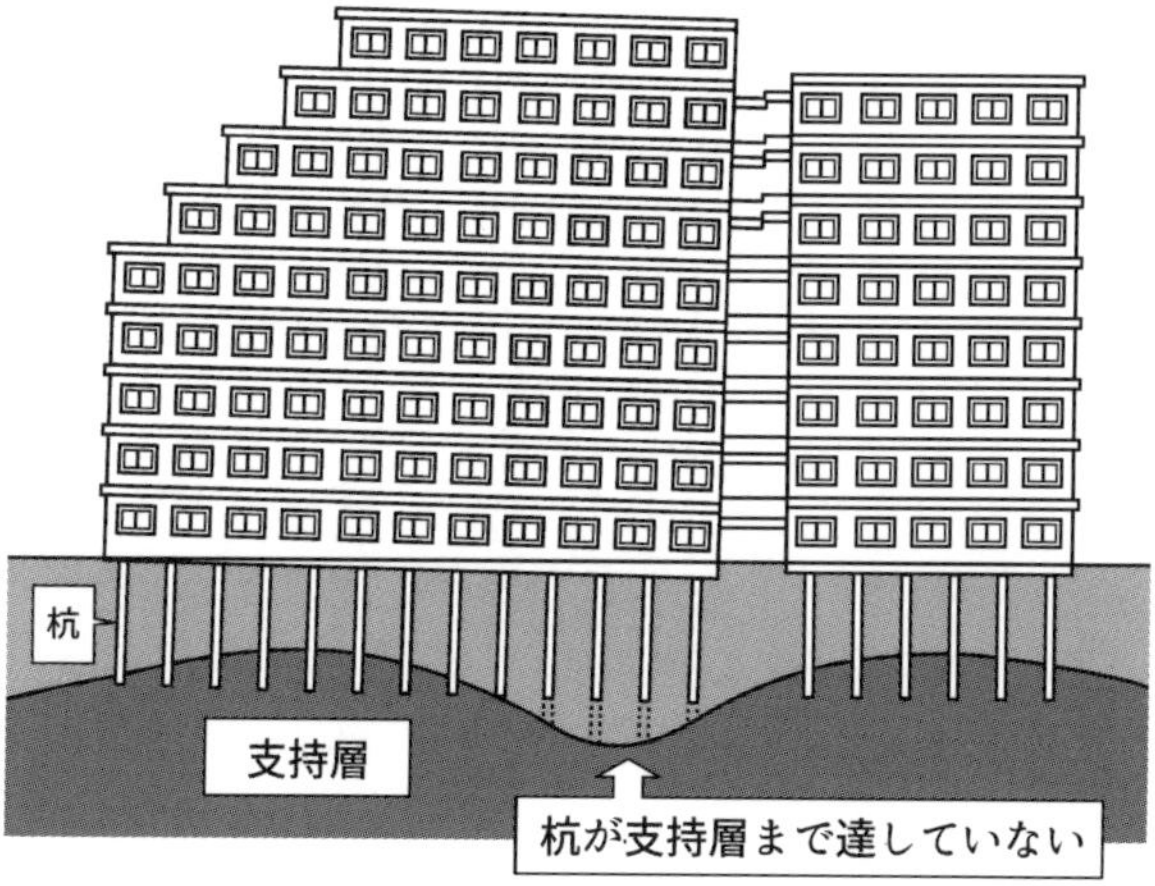

弁護士の見解　人的な被害は生じていないようですから、犯罪は成立しません。しかし、民事上はこの欠陥建築の責任は第一次的に売主、つまり三井不動産が負うことになります。次に、旭化成建材も建築基準法違反をしていますし、民法上の不法行為責任（民法第７０９条）にも該当しますから、同じく責任を負うことになります。

村尾のコメント　このマンション隣接のショッピングモールのららぽーと横浜は、横浜市でも指折りのスケールのショッピングモールで私も時々行きます。

このマンションの不良工事の概要は、現在ではかなりはっきりしてきていて、他の会社の不良工事も判明してきているようです。

現在は既に取り壊しも終わり、工事が進行し、新しいマンションは完成しました。既に入居されているようです。
　再建築の費用が１００億円を超える大型の金額の案件と推測します。三井不動産という大規模な事業主の事業だったため再建築ができました。三井不動産と旭化成建材とその親会社の旭化成の負担割合が気になります。

12　渋谷区の若草寮での刺殺

精神鑑定してみたら不起訴処分になった
　東京都渋谷区の児童養護施設〈若草寮〉で２０１９年2月に施設長の大森さんが刺殺された事件について東京地検は犯人を精神鑑定し、〈責任能力を問えない〉と不起訴処分にしました。

弁護士の見解　犯人に責任能力がない場合（刑法第39条）は、刑法上犯罪は成立しません。ただし、刑法上で責任能力が否定されたとしても、そのことが直ちに民法上の責任能力を否定するものではありませんから、民事上の責任の追及はまた別個にされることになります。

村尾のコメント　犯人を精神鑑定して、〈責任能力を問えない〉と検察側が判断すれば、その時点で裁判は終わりということになります。しかし、殺された被害者とその家族は現実にいるわけです。

類似のパターンの報道を見るたびに、何ともやり切れない気持ちになります。民事上はどうなったのでしょうか？

13　スルガ銀行で起きたパワハラ行為

激しい言葉の頻発

２０１８年、スルガ銀行の元幹部が各店舗に行くと、支店長が「バカ野郎、辞めてしまえ！」と叱責する姿をよく見かけました、とフライデー誌で語っています。

第三者委員会がまとめた報告書でも、行員が支店長などの管理職から、「数字ができないなら、ビルから飛び降りろ！」、「オマエの家族を皆殺しにしてやるぞ！」、「給料どろぼう」などの暴言を日常的に受けていたことが伝えられています。

弁護士の見解　具体的なパワハラ行為があって、暴行罪や傷害罪あるいは脅迫罪が成立すれば、犯罪になります。ただ、パワハラ体質があるというだけでは、犯罪は成立しませんが、このケースはかなり強度なパワハラといえますから、犯罪の成立は十分考えられます。

また、当然、このケースは社会的非難を受けて然るべきと言えるでしょう。なお、スルガ銀行は不動産投資をめぐる問題などで社会的に非難を受けたことは記憶に新しいところです。

村尾のコメント　静岡県の地銀はナンバーワンが静岡銀行、ナンバー2がスルガ銀行と言われていました。県内在住の人から両行について、「静銀はシブ銀、スルガ銀行はズル銀」と呼ばれているよ（笑）と聞いていましたが、スルガ銀行について、全く笑えないシビアな一面が露呈しました。

14　モーリシャス諸島沖での座礁事故

携帯電話で連絡したかった

２０２０年7月、モーリシャス諸島沖での座礁事故がありました。島の南東部10㎞あまりの海岸線と周辺の海に深刻な汚染が広がりました。海とマングローブ林の損傷、汚染を誰が、どう責任を取るのでしょうか？　２０２０年8月、モーリシャス政府は船主の長鋪（ながしき）汽船（岡山県）や保険組合に損害賠償を請求する方針を発表しました。

弁護士の見解　この場合は、民事上の損害賠償の問題であり、刑事の犯罪の問題となりません。しかし、これだけの大きな損害を発生させたわけですから、大きな社会的非難を浴びることも当然です。

村尾のコメント　事故当時、モーリシャス諸島の海の美しい自然と、無残に2つに割れた船体と、マングローブ林に絡みつく重油の映像が報道されました。事故の影響は今でも残っているようです。事故の原因について、運航会社の商船三井は、貨物船の乗り組み員（インド人、スリランカ人、フィリピン人、等20人）が携帯電話の通信圏内に入るために、船を島の沿岸に近づけたことと発表しました。船主にとっても、運航会社にとっても泣くに泣けない心境でしょう。

15　町おこしのためのPRビデオ撮影のためのキャニオニングでケガをした

元力士嘉風が地元の市を相手取って裁判を起こした

元大相撲力士嘉風が２０１９年６月、地元佐伯市のキャニオニングのPRビデオの撮影の際に膝を痛めて現役続行が不可能になりました。嘉風は「引退を余儀なくされたのは、この事故が原因」として４億８０００万円の損害賠償を市に対して請求して裁判を起こしました。状況説明は嘉風の言い分と、佐伯市の見解が分かれていて、裁判の結果を見ないと真実は判明しません。

弁護士の見解　当該キャニオニングを行えば、怪我をすると予見できたのに、敢えて実行させたとすれば、その企画者や指示者は、過失傷害罪（刑法第２０９条）に問われる可能性があります。しかし、通常は、そのような予見はないと考えられるので、犯罪は成立しません。

ただし、民事上の損害賠償責任は問題となります。

損害賠償請求については、企画、撮影した側には、一定の過失があると考えられますから、民事上の損害賠償請求は（金額はともかく）認められると思われます。

村尾のコメント　地元を愛して、地元からも愛されていた一流力士の思いがけない形の引退です。今後、どう決着するのでしょうか？　現在のところ、裁判の決着は伝えられていないようです。

16　調布市つつじヶ丘の道路陥没

建設中の高速道路トンネルからある程度離れたところの道路が陥没した

２０２０年、東京都調布市つつじヶ丘では東京外郭環状道路のトンネル工事の近くで地表面が突然、陥没しました。また、陥没箇所周辺の地盤調査で地中の空洞を確認したと発表しました。

東日本高速道路（ＮＥＸＣＯ東日本）はトンネル工事と陥没との因果関係を認めました。ただ、被害者と東日本高速道路との話し合いは現在も続いており、今後、長く時間がかかりそうです。

２０２３年９月現在も工事は中断しています。

弁護士の見解　大きな穴が開いて、人が落ちて、死傷の結果が生じた場合は、犯罪の成否が問題となりますが、道路に大きな穴が開いただけでは、その穴がいくら大きくても犯罪は成立しません。民事上の問題が残ることになります。

村尾のコメント　この工事は地下47mの深さで行われていたそうです。即ち、大深度法が工事を認める深さで、結果、工事は合法的に行われていました。

それでも陥没は起こりました。今回の陥没は道路で起きましたが、写真で見てもゾッとする光景です。実際に私も現地に行ってきました。多数の付近の住民が不安に思うのは当然のことです。

17　ドローンによる覗き見

ドローンでよその家を映していいの？

ドローンが発達して、昨今はさまざまな用途に活用されるようになりました。例えば＜ドローンでよその家を覗き見る＞行為は法に触れないのでしょうか？　これまでのところ、事件は発生していませんが。

弁護士の見解　ドローンには人が乗っていませんから、住居侵入罪の刑事犯は成立しません。しかし、プライバシーの侵害など、法に触れ、民事上の賠償責任が問題となる可能性は十分にあります。

村尾のコメント　ニュースで紹介されるドローンの機能の向上、用途開発の進展は目を見張るものがあります。２０２１年のニュースで楽天が「ドローンを使って三重県志摩市の離島住民に商品配送のサービスを始めた」と発表しました。約２週間の期間限定でしたが。

一方、ドローンが何処へでも行けるため、またカメラを搭載できるため、プライバシー侵害の点が心配になります。

18　リニア新幹線の集団訴訟・都内部分は大深度法による自宅の真下を掘る工事

リニア新幹線の大深度工事は憲法違反か？

リニア新幹線の話です。計画されているリニア新幹線は始発駅の東京都品川駅を出発すると、東京都内は洗足池駅付近、田園調布駅付近を経由して、多摩川を渡り、川崎市中原区等々力緑地に至ります。ご自宅の遥か深くであれ、真下をトンネルが通過することを不安に思う人たち約２５０人が集団訴訟を提訴しています。

訴訟の目的は〈国の認可の取り消し〉です。東京地裁は２５０人の訴訟適格を認めました。川崎市麻生区では、リニアが直下を通る住宅の評価が下っているそうです。

都内は深さ70m、川崎市内は深さ90m、車両故障や、火災が起きたら乗客をどうやって救出するのだろう

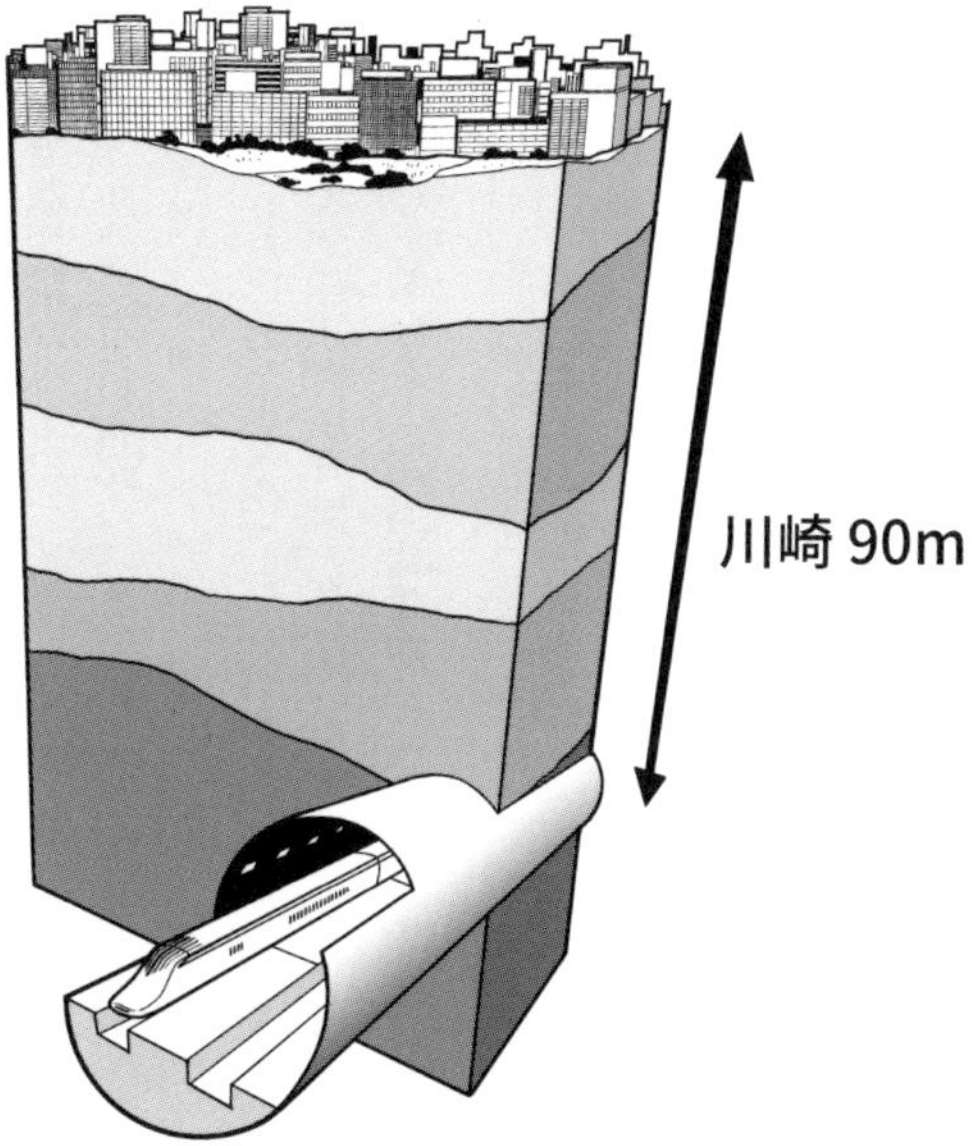

弁護士の見解　住民は原告側ですから、何ら責任を負いません。

ＪＲ東海側は、この裁判で敗訴した場合、その判決内容の責任を負います。

村尾のコメント　こちらは、「大深度とは言え個人の所有地の地下を勝手に掘り進めるのは、憲法で保障された財産権の侵害である」という住民の主張が認められるかどうかが争点です。

この裁判は２０２３年７月に地裁の判決が出ました。「計画を認可した国の判断は社会通念に照らして、著しく妥当性を欠くとまでは言えない」でした。

憲法違反には触れていません。

コラム／「適当な距離が欲しい。でも、近づきたい」ヤマアラシのジレンマ――

もう30年ほど前の或る情報誌のページに〈ショーペンハウエルの山アラシのジレンマ〉の逸話が載っていたので紹介します。

「ある冬の朝、寒さにこごえた山アラシのカップルが、お互いを暖めあおうと近づいたが、彼らは近づけば近づくほど自分たちの棘でお互いを傷付けてしまう。そこで、山アラシは、近づいたり離れたりを繰り返したあげく、適当に暖かく、しかもあまりお互い傷付けないですむ、ちょうどいい距離を見つけ出した」

実際の動物の山アラシはこういう行動はしないようですが、この話から「近づけば、近づくほど、お互いを傷付けあう」人間関係のジレンマを〈山アラシのジレンマ〉と名付けられました。

しかし、私はこのエピソードを読んで、「棘を体に持っている自分が、他の棘を持っているもう一人、あるいは数人に近づきたがっていること」を自覚しました。

この発想の方向性から、現在も①月に2回の囲碁会、②月に一度のランチ会の幹事をやっています。また、幾つかの定期、不定期の飲み会に参加しています。

〈山アラシのジレンマ〉というテーマについて考えることは、私にプライベートな人間関係の〈声かけ〉積極性を与えてくれました。

第4章　法律的に犯罪にならないように見えて、犯罪になるケース

（刑法およびストーカー規制法、道路交通法、自動車危険運転罪　違反で犯罪になります）

1　自分はリツイートしただけ

他の人の中傷Twitterをリツイートした

元大阪府知事の橋下徹氏を中傷するツイッターをリツイートして橋下氏に訴えられました。被告は「自分は他人のTwitterをリツイートしただけだ」と主張しました。

弁護士の見解　名誉棄損罪（刑法第２３０条）にあたります。リツイートだから罪にならないということはありません。リツイートした人にも責任は発生します。

名誉棄損罪の法定刑は3年以下の懲役または50万円以下の罰金です。本件での量刑は比較的軽く、罰金刑で済むものと思われます。

村尾のコメント　＜自分の個人としての正義感と意見が合うTwitter＞を見つけると、誰かにリツイートしたくなるという気持ちはわからないでもありません。しかし、リツイートする前に、自分の法的責任は発生するのかを一度、立ち止まって考えてみる必要があることをこのケースは教えてくれます。

同様のケースが伊藤詩織さんに対してもあり、リツイートの名誉棄損を認め、支払いを命じました。

2　禁止されている場所で釣りをすると、どうなる？

海釣りは大物が釣れるけど

大阪府の関西国際空港は大阪湾に長い橋で繋がっています。大阪湾は紀伊水道から瀬戸内海への潮の通り道であり、魚の通り道です。時間によって瀬戸内海は川のように海水が動きます。

空港敷地内で釣るとよく釣れるといいます。空港敷地内で釣るとどうなるでしょうか？

弁護士の見解　立ち入り禁止の空港敷地内に入り込んだのであれば、建造物侵入罪（刑法１３０条）にあたります。

建造物侵入罪の法定刑は３年以下の懲役または10万円以下の罰金です。本件は、釣り目的での侵入ですから、量刑としては、罰金にとどまると思われます。

村尾のコメント　私自身も関西国際空港を利用したことがあり、空港に至る連絡橋の下の海が魚の通り道であり、また、漁礁であることはわかります。違法な場所の釣りが時々、番組で取り上げられますが、自分の＜釣りをする＞行為が違法か？　合法か？　確認しておくことが必要です。

3　居酒屋の75人分の無断キャンセル

何が目的だったんでしょうか？

２０１９年、計75人分計51万円を予約をしておいて、無断キャンセルしたとしてある男性が逮捕されました。男性は容疑を否認しているということです。

弁護士の見解　最初から無断キャンセルの意図があれば、業務妨害罪（刑法第２３３条）にあたります。業務妨害罪の法定刑は3年以下の懲役または50万円の罰金です。量刑としては、容疑を否認しているとのことですから、被害弁償もなされていないと思われ、懲役刑の可能性もありますが、通常は罰金刑で済むものと思われます。

村尾のコメント　このパターンはひところ、何回か報道されました。愉快犯としてやったのか？　つい、連絡を忘れてしまったのか？

どちらにしても、お店の側は準備が必要なケースですから、損害は発生することになります。また、お店はその予約を受けて、他のグループの予約を受ける機会を失っているわけですから、その分の損害も損害賠償請求の対象になります。

このパターンについては有罪になることが確定しています。

４　女性ファンがストーカー規制法違反で捕まった

芸能人を追いかけすぎて捕まった

２０１９年８月、Hey! Say! Jump のメンバー、中島裕翔さんに付きまとった20代の熱狂的な女性ファンがストーカー規制法違反容疑で赤坂署に現行犯逮捕されました。

弁護士の見解　これは容疑の通りストーカー規制法違反になります。

ストーカー行為等の規制等に関する法律の法定刑は2年以下の懲役または２００万円以下の罰金です。本件は、芸能人とそのファンとの関係ですから、量刑は軽いと考えられ、罰金刑で済むでしょう。

村尾のコメント　熱心な女性ファンによるストーカー行為も時々、報道されます。ファン心理はファンでない人にはなかなかわかりにくいものです。追いかけていて、親しく接しているうちに無意識に＜ストーカー行為＞と分類されてしまう行為をしてしまうのか？

一方で、メンバーとしては日常的に迷惑行為や嫌がらせをされてはたまったものではありません。

どの辺がお互いに折り合える接点なのでしょうか？　一部の〈ファン〉にそのような配慮不足からこのような問題が起きるのだろうと推測します。

5　ゴルフ場の風呂場にタオルがない

押し問答になった挙句、怒ってしまう

２０１９年10月、女性プロゴルファーの笠りつ子さんがゴルフトーナメントの試合会場となったゴルフ場の風呂場にタオルがないことに腹を立て（協会は選手に通知していたのですが）ました。笠さんは「必要だから、出して」「出せません」と押し問答になった挙句、関係者（実際には対応に当たった副支配人）に対して、「頭が固い」、「死ね！」などの暴言を吐きました。笠さんは、女子プロゴルフ協会から厳重注意処分を受けたうえで当面のツアー出場自粛に追い込まれました。

弁護士の見解　「頭が固い」、「死ね！」などの言葉を吐いたことは、侮辱罪（刑法第２３１条）ないしは業務妨害罪（刑法第２３４条）になります。侮辱罪の法定刑は、拘留または科料です。また、業務妨害罪は、３年以下の懲役または50万円以下の罰金です。

本件では、ツアー自粛などで社会的制裁を受けてもいますから、起訴されたとしても、量刑としては、罰金刑と思われます。

村尾のコメント　笠さんの活躍ぶりは何度も見ていました。このニュースは残念でした。他の女子プロの中にそれまでのトーナメントで、バスタオルを勝手に持ち帰った輩が過去にいたことがそもそも問題でした。笠プロがこのような形で怒りを爆発させたことで、矢面に立つ形になりました。

6　心房細動の手術の失敗で２ℓ出血

知り合いの医師のオペなので訴えないけれど

Ｓさんは心房細動の症状があり、その改善を目的にカテーテル手術を受けることになりました。都内の大手病院で手術を受けました。手術は失敗して、カテーテルは左心房を突き破り、２ℓ出血し、緊急開胸手術を受けました。その後処理の手術は成功し、命はとりとめました。現在はＳさんはすっかり回復して、通常に戻り、お元気です。

弁護士の見解　手術が失敗した原因が不可抗力ではなく医師の施術上のミスによるものであれば、過失傷害罪（刑法第２０９条）になります。

過失傷害罪の法定刑は30万円以下の罰金または科料です。本件では、その後の手術が成功し、命を取り留めたとのことですから、過失傷害罪にあたるとしても、量刑としては（過失の大きさにもよりますが）、比較的軽い罰金または科料にあたると思われます。

村尾のコメント　Sさんは私の知人です。今ではすっかり元気になり、通常にお仕事をされています。元となった手術失敗と、その後処理のための手術の成功と、2つのことが立て続けにSさんに起きました。不幸中の幸いと言えるケースです。おそらく、執刀した医者の紹介ルートとの関係などから責任追及をしない構えですが、私から見れば責任追及を行うのが当然のケースです。

7　酔っ払い運転の自転車と衝突　自分は酒気帯び運転で

あの人はお酒を飲んでいた

Yさんは静岡市の静岡駅近くの路地で自動車を運転して走行していました。ある信号のない交差点で自転車の人と鉢合わせ事故を起こしました。実はYさんはその時酒気帯び運転の状態でした。ピンチのはずのYさんは駆け付けたお巡りさんに「確かにぶつかりました。けれどあの人はお酒を飲んでいたんです」と主張しました（自分も飲んでいたのにそれは言わずに）。するとお巡りさんの関心は自転車の運転手に向かい、Yさんは注意されただけで解放されたそうです。

弁護士の見解　これは、＜飲酒運転＞です。たまたまお巡りさんに解放されましたが、犯罪としては立派に飲酒運転（道路交通法第65条違反）が成立します。道路交通法第65条の法定刑は、

・酒酔い運転は、5年以下の懲役または100万円以下の罰金

・酒気帯び運転は3年以下の懲役または50万円以下の罰金
となっています。量刑は被害者の傷害の程度や不注意の度合いにより軽重が決まります。

村尾のコメント　このケースが実際に起きたのは飲酒運転が今よりおおらかに許された時代の話です。今では、酒気帯び運転の自動車ドライバーは厳しく罰せられます。

8　自転車走行中に女性歩行者とぶつかった

被害者の女性は植物人間になってしまった

２００８年９月、ある高校生が自転車で歩道を時速約20～25㎞で走っていました。自転車走行中に60歳の女性とぶつかり、女性は転倒し植物人間状態になってしまいました。女性の家族は損害賠償を求めて高校生の母親を相手として裁判を起こしました。

弁護士の見解　これは有名な裁判です。怪我をさせた高校生の母親の民事責任を認め、その母親に約９５００万円の支払いを命じました。

ちなみに、損害賠償金は、破産法の免責の対象になっていないため、仮に自己破産をしても支払義務は消滅しません。なお、高校生は刑事責任能力がありますから、刑事的には重過失致傷罪（刑法第211条）が成立し、被害の重大性からして、罰金で済まず、懲役刑となる可能性もあります。

村尾のコメント　歩道を走る自転車を見ていて、危ないなあと思うことはよくあります。しかし、一方でこの判決のような決着の記事に直接お目にかかることはあまりないでしょう。このケースは被害者側が本気で怒って、裁判に持ち込んだことで得られた結果です。他山の石として、頭に入れておく必要のある情報と思います。

9　厳罰化する〈あおり運転〉

宮崎文夫被告の態度の悪さも話題になりました

　2020年、あおり運転に関しては罰則が強化されました。キッカケとなった事件は2019年8月、茨城県守谷市の常磐自動車道で起きたあおり運転、殴打などの事件です。事件を起こした宮崎文夫被告の有罪が確定して懲役2年6ヶ月の判決が言い渡されました。

弁護士の見解　自動車危険運転罪が新しく、2013年につくられました。あおり運転と認定されると、この法律が適用されます。ちなみに、〈自動車の運転により人を死傷させる行為などの処罰に関する法律〉では、人を負傷させた者は、15年以下の懲役、人を死亡させた者は1年以上の有期懲役とされており、本件では、懲役２年６月とされたわけです。

村尾のコメント　以前は＜荒い運転のドライバー＞として、漠然と、関わりたくない、怖いドライバーとして認識されていたドライバーの一部が、明確に＜あおり運転＞という区分で認定され、厳罰化されることになりました。それでも、時々、あおり運転、威嚇運転、嫌がらせ運転と言える運転の被害がテレビで報道されています。

加害者側の意識はどのようなものなのでしょうか？　被害者側の武器は現在もドライブレコーダーだけのようです。

10　タレントの春名風花さんへのネット上の誹謗中傷が約10年間続いた

和解で解決した例

ネットの世界で＜春風ちゃん＞として多くのフォロワーを獲得していた春名さんは約10年間、ネット上の誹謗中傷に苦しまされてきました。あるときから何故か誹謗中傷が激化し、実家の住所がネットにさらされたり、＜彼女の両親自体が失敗作＞などと書かれるようになりました。

あるとき仕事への悪影響を止めるためには裁判をしたほうがいいのでは？　と考えました。そこで春名さんは神奈川県警に被害届を提出しました。

神奈川県警がその被害届を受理し、捜査が始まって約2年で、相手方から〈示談の申し出〉を受けました。

春名さんはその後の裁判の展開、進行とそのスピードを考え、２０２０年7月、示談成立を受け入れました。

示談金はこのような誹謗中傷による名誉棄損の損害賠償請求のケースでは多額といえる３１５万円でした。

弁護士の見解　刑事的には、誹謗中傷した側には、「この程度では犯罪にならない」との考えがあったかもしれませんが、名誉棄損罪（刑法第２３０条）の成立が考えられます。ただし、本件では、示談をしていますから、親告罪である本件の加害者は犯罪には問われないことになります。
ちなみに、多額の示談金を受け取った春名さん側には、何らの刑事上、民事上の責任はありません。

村尾のコメント　ネット上での誹謗中傷はよく聞きますが、このような解決をできたケースは少ないと思います。この加害者が刑事で罰されたとしても、日本の法律では春名さんの被害感情に比較して罪が軽く、この示談を受け入れることに「（同様な罪を犯している人達に警告する）社会的な意味もあると思います」という弁護士のアドバイスを受け入れての示談受諾でした。

岡本まりさんのケースも２０２０年、同様に誹謗中傷の開示請求を行いました。岡本さんの場合は加害者と会って、相手の反省する様子を見て、示談を受け入れました。

11 「俺コロナ」と銀行で叫んだ男

親に解決金を出してもらった

Ｓさんは２０２０年、銀行の店頭で「俺、コロナ」と言って（実際にはコロナではないのに）銀行の業務を妨害しました。銀行とはその後和解しましたが、和解金は２５０万円ということになりました。Ｓさんはその和解金２５０万円を自分自身では払えず、親に出してもらいました。こんなことになるならやらなければよかった！　と反省しています。

弁護士の見解　このケースは業務妨害罪（刑法第２３３条）に該当します。その後、和解したとしても、犯罪事実は消えませんが、和解の事実が考慮され、起訴はされないと思われます。ちなみに、業務妨害罪の法定刑は3年以下の懲役または50万円以下の罰金です。

村尾のコメント　コロナ禍の時代に、数は少ないですが、類似のパターンのニュースを聞きます。

どのような心境でこのような言葉を言ってしまうのでしょうか？　なかなか、理解に苦しむケースです。

12　都心部上空を飛行する飛行機

都心を飛んでいるけれど　一定の比率で氷塊落下のリスクはある

令和2年から、羽田空港着の飛行機が六本木、大井町等の都心上空を通るルートが新たにつくられ、運行が始まりました。冬期に飛行機からの氷が街に落下した物を専門用語で〈氷塊落下〉というそうです。氷塊落下で都心部の車や歩行者にけが人が発生したら、誰がどう責任を取るのでしょうか？　飛行機は空港着陸の特性からどの飛行機から落下したかの特定は容易です。

弁護士の見解　これは予見可能性の問題です。「予見可能である」と判断されたら、過失が認定され、業務上過失致傷罪（刑法第211条）が成立します。業務上過失致傷罪の法定刑は5年以下の懲役もしくは禁錮または100万円以下の罰金です。

村尾のコメント　この問題は、一般的にはまだ問題にされていないと思います。私は航空会社ＯＢの知人からこの問題があると聞きました。空から氷塊が落ちてくるケースは成田空港周辺では一定数、起きていることだそうです。
２０２１年２月、アメリカ合衆国コロラド州デンバー近くでユナイテッド航空のボーイング７７７型機からエンジンの円形の鉄製部品が落下したケースがあります。

13　高校野球の野球部指導者を暴言、暴力を理由に解任

「死ね」「やめちまえ」「殺すぞ」「クビだ」の暴言を頻発した

令和2年9月、高校野球の強豪校、横浜市の私立横浜高校は野球部の指導者による部員への暴言、暴力があったとして、金子部長と平田監督を解任した、と発表しました。

弁護士の見解　「教育指導の一環であれば、暴力をふるっても犯罪にはならない」と思っている人もいますが、現在では、程度や結果により暴行罪（刑法第２０８条）や傷害罪（刑法第２０４条）は十分に成立します。

ちなみに、暴行罪の法定刑は2年以下の懲役もしくは30万円以下の罰金又は拘留もしくは科料、傷害罪の法定刑は15年以下の懲役又は50万円以下の罰金です。

村尾のコメント　横浜高校は、神奈川県の高校野球では有名な強豪校です。全国的にも有名で、渡

辺元監督の時代に全国優勝も5回達成しています。後任の監督の心のうちに何があったのでしょうか？

2023年、横浜高校は既に後任の体制で野球強豪校としての復活は果たしました。

14　斜面下の道路を歩いていたら、崖の上から土砂が落ちてきて死亡した

被害者家族とマンション管理会社とマンション住民の訴訟と和解

2020年2月、神奈川県逗子市池子で、女子高校生がマンションの斜面下の道路を歩いていて、崖の上から落ちてきた土砂に埋まり死亡しました。

遺族は過失致死の疑いで刑事告訴をしました。逗子署はそれを受理しています。

2021年6月、マンション住民はマンションの管理会社を提訴しました。

2023年6月、マンション住民は女子高校生の遺族と賠償金として1億円を払い和解しました。

弁護士の見解　崩落した斜面の設置や保存に瑕疵があれば、その保存義務を負っているものに過失が認められ、過失致死罪（刑法第210条）が成立する可能性はあります。ちなみに、過失致死罪の法定刑は、50万円以下の罰金です。

写真で見ると　歩道の遥か上にマンションがある

村尾のコメント　この事件は報道されたとき、随分、違和感を感じました。いくら、丘のある街だからと言って、普通に歩いている人が晴れた日に、崩れてきた土砂に埋まって死ぬということがあるのでしょうか？

　しかし、住民と遺族は２０２３年7月、和解して一定の解決をしました。和解金1億円です。管理会社大京アステージとの訴訟は継続しています。

　改めて、現場の画像を検索してみると、市道とマンションの一階との間にはかなりの高低差（推定20ｍ）があることがわかります。また、当初のマンション分譲会社の斜面の土地の地質に関する説明不足も明らかになりました。

15　遊覧船が近道をしようとして、船底を岩にぶつけて沈没した

5分の遅れを気にして沈没させ、50人の児童の命を危険にさらした

２０２０年11月、香川県坂出市の沖での船、修学旅行の小学生たちを乗せた船が瀬戸大橋の撮影ポイントに到着、岩場に近づけすぎて、船底を岩にぶつけて沈没しました。船には小学6年生の児童が50人乗っていましたが、沈没寸前に船長が「飛び込んで船から離れるように」と指示したため、周辺にいた船に助けられて全員無事でした。船長は「予定より5分ほど遅れていたので、近道をしようとして、知らないコースに向かった」と説明しているということです。

弁護士の見解　知らないコースを航行することにより、危険に遭遇する可能性は生じます。その危険を予見、ないし回避しなかった船長には、過失往来危険罪（刑法第１２９条）が成立します。

過失往来危険罪の法定刑は、３年以下の禁錮または50万円以下の罰金です。

村尾のコメント　事件に遭遇した小学生たち、およびその家族の立場からみれば、「予定より5分遅れている」という何とも馬鹿馬鹿しい理由で事件に関わってしまった、という思いでしょう。

周辺の船が助けに向かい、死者が1人も出なかったことが不幸中の幸いでした。

16　自転車運転者同士の衝突事故が発生した

9266万円の賠償判決

２００５年４月のケースです。自転車で車道を直進していた運転手に対して、男子高校生が自転車を運転して自転車横断帯のかなり前から斜めに横断しようとして、自転車運転手同士の衝突事故が発生しました。

被害男性は言語機能の喪失などの重大な障害が残り、加害者となった高校生の親に対して２００８年６月、９２６６万円の賠償命令の判決が下されました。

弁護士の見解　近年、自転車事故で多額の賠償金が支払われるケースが増えていますから、十分に注意が必要です。ただし、過大な損害賠償命令の判決が下されたとしても、それはあくまでも民事の問題です。刑事としては重過失傷害罪（刑法第２１１条）の成立が認められます。重過失致傷罪の法定刑は5年以下の懲役もしくは禁錮または１００万円以下の罰金です。本件では、結果の重大性からして、懲役刑となる可能性が十分にあります。

村尾のコメント　自転車に乗ることは健康志向の時代の流れに乗っています。一方で、ドライバーの立場からは危なっかしい運転をする自転車ドライバーをよく見かけます。

コラム／〈日野原重明さん　の思い出〉一隅を照らす町医者、安永先生との出会い――

私は15年ほど前に、日野原重明さんの言葉集の〈いのちと勇気のことば　こう書房〉の出版に関わることができました。取材と編集を担当して、もちろん直接お会いしました。

当時97歳でしたが、7年先までスケジュールが一杯だとのことで、私たちを驚かせました。

取材させていただいて伝わってきたのは、父親の日野原　善輔さん、聖路加国際病院の創設者のルドルフ・トイスラー先生、「平静の心」講演のウイリアム・オスラー先生、直接の恩師の橋本寛敏先生への深い尊敬と敬意でした。この4人に少しでも近づこうというお気持ちがあの年のエネルギーとなっていらしたと推察します。

しかし、お医者さんになろうとのそもそもの気持ちは、10歳の時の、仮性尿毒症で死にかけた母親を、父親が教会牧師である日野原家の貧しさを知っていたため、診療代も取らずに往診して助けてくれた、近くの医師の安永謙逸先生の存在でした。

〈ぼくは　安永先生のようなお医者さんになれたかしら　もしそうだとすれば
天国にいるお母さんやおばあちゃんが　きっと喜んでくれると思う〉
という言葉を残されています。

私たちは、安永先生、日野原先生のような医師に出会うことができるでしょうか？

第5章　犯罪になるケース

1　池袋の暴走運転の事故

老人の暴走運転で母子が亡くなった

東京都の池袋で車を運転して、暴走させ母子をはねて死亡させた事故で、禁錮5年の実刑判決を受けた飯塚被告が控訴しないことを決め、実刑判決が確定しました。

判決では、ブレーキと間違えてアクセルを踏み続け、最大時速96㎞まで加速させた過失が原因と、踏み間違いが裁判所に認定されました。

弁護士の見解　業務上過失致死罪（刑法第２１１条）に該当します。本罪の法定刑は、５年以下の懲役もしくは禁錮または１００万円以下の罰金です。したがって、最も重い5年の実刑となりました。死者が2人であること、また法廷で当初から否認していたことが、重い刑を宣告された理由であると思われます。

ちなみに、刑務所内で労働に従事させるのが懲役刑で、労働を課さないのが禁固刑です。

村尾のコメント　キャリア官僚から、１つの交通事故一発で一気に転落した人のケースとして、このケースは長く人々の記憶に強く残ることになるでしょう。事故当初、「自分は悪くない。車が故障していた」と発言し、非を認めなかったことが、事態をより混乱させる結果となりました。

2　公園で全裸で騒いだ

大河ドラマ「徳川慶喜」俳優のご乱行

タレントの草彅剛が、六本木の東京ミッドタウンガーデンの敷地隣りの檜公園で酒に酔って全裸で騒いでいるところを逮捕されました。「裸で何が悪い？」と叫んでいたそうです。

弁護士の見解　これは公然わいせつ罪（刑法第174条）になります。法定刑は、6月以下の懲役もしくは30万円以下の罰金、または拘留もしくは科料です。

量刑としては、懲役は重過ぎますから、刑を科されるとしても罰金刑（30万円以下）で済むものと考えられます。

村尾のコメント　この事件は当時ずいぶん話題になりました。草彅剛という有名タレントが起こした事件という話題性からも、ミッドタウンという都心の一等地のビルに隣接の大きな公園で起きた事件という点からも。この事件は何故起きたのか？　私にとっては今も謎です。ただ、酔っぱらってしまったというだけなのでしょうか？

3　ガムテープで全身をグルグル巻きにされた

他のメンバーを推すファンにやられた

元NGTのメンバーの山口さんのマネージャーだったXさんは、ある日他メンバーのファンにガムテープで全身グルグル巻きにされました。Xさんは恐怖を感じ、かつ嫌気が差して仕事を辞めました。現在、山口さんと加害者は和解交渉が進行しています。一方で、マネージャーだったXさんの被害に関しては立件もされていません。

弁護士の見解　Xさんに対して逮捕罪（刑法220条）になります。逮捕罪の量刑は3月以上7年以下の懲役ですが、本件の量刑はさほど

アイドルハンター集団の標的となったAマネージャー　＜ガムテープで全身をグルグル巻き＞は事実なのか？

重くなく、起訴されたとしても、懲役６月ぐらいではないでしょうか。

村尾のコメント　夕刊スポーツ誌・東京スポーツの愛読者を自認している私にとって、この事件は大変印象的な事件でした。アイドルのファンのストーカー的な行動のヒートアップした１つの典型的なケースとして、また誰にも話題にされず静かに去っていったXさんの気持ちをおもんばかって取り上げました。

４　国道２４６号を時速１５０キロで走った

どこからが異常と判定されるか？

Nさんのスピード違反のケース。私は横浜在住です。横浜市には西側の東名高速横浜インターから、東に向かって通称保土ケ谷バイパス（国道16号線バイパス）が走っています。無料の国道ですが、約13㎞にわたって、信号のない、つまり停止しないでよい道があります。制限速度は80㎞です。このようなつくりの国道は全国にどれほどあるのでしょうか？

その保土ケ谷バイパスの先駆けとなった国道があり、それが国道２４６号です。東京都心の三宅坂から静岡県の沼津に至る全長１２５㎞の旧大山街道ともよばれる国道２４６号は横浜市を走る部分は昭和40年代にはかなり整備が進んでいました。特に青葉区市が尾駅前辺りから青葉区のしらとり台という信号にかけては3～4㎞の間、信号のない区間があります。

知人のMさんは若いころ、この国道246号のこの区間を時速150㎞で走り白バイに捕まりました。ちなみに現在の制限速度は50㎞です。今では白バイや覆面パトカーがよく取り締まりをしていることで有名な区間ですが、当時も取り締まりは厳しかったようです。親に買ってもらった当時人気の日産スカイラインで気持ちよく走ってしまったようです。

取り締まりを仕事にしている交通警察も当惑したようで、「この運転は異常だ！」と判断され、千葉県の市原市にある交通刑務所に入れられました。このエピソードはだいぶ昔のことですが、今日このようなスピード違反を起こしたら、どのようなペナルティーが与えられるのでしょうか？

仮に、50㎞オーバーのスピード違反ならどうなのでしょうか？

弁護士の見解　制限速度を大幅に超えるスピード違反を犯した場合、行政処分と刑事罰を受けることとなります。
別表参照157ページ

村尾のコメント　このケースは私にとって、知り合いが＜刑務所（交通刑務所とは言え）＞に入れられたケースとして、当時、個人的に強烈なインパクトのあったニュースでした。後日、機会を見つけて千葉県市原市の交通刑務所を入口まで見に行った記憶があります。
現在は、一般的にはスピード違反が理由で交通刑務所に入るケースは少ないようです。

5　12mの長さの大型トラックで細い道に迷い込み、踏切のある線路内で立ち往生して、特急列車にぶつけられた

大型トラックのドライバーが普通車用の携帯のnaviを頼って細い道に迷い込んだ

　２０１９年９月、車長12Ｍの大型トラックの運転手が　横浜市から茨城県に向かってトラックを運転してフルーツの荷物を運送中に、京浜急行線の神奈川新町駅近くの線路横の路地に迷い込んでしまいました。迷い込んだ理由は会社で設定していた場所で右折できず、かつ手元にあったスマホの普通車用の抜け道を利用しようと考え、大型トラックなのに狭い道に入り込んでしまったためです。スムーズに通過できず、踏切内で立ち往生しました。トラックは踏切内で特急列車にぶつけられました。トラックのドライバーは死亡しました。

弁護士の見解　過失往来危険罪（刑法１２９条1項）になります。法定刑は30万円以下の罰金です。ドライバーが生きていた場合には、上限の30万円となる可能性はあります。

村尾のコメント　この事件は後日、詳細を検証する番組が放送されました。ドライバーの幾つもの判断ミスが重なって起きた不幸な事件でしたが、一方で、起きた事故の重大さからは京浜急行の会

社側が何らかの形で対応をできたのではなかったか？　という疑念が私には浮かびます。
私がネットで検索したときに、橋本さんという元トラック運転手の経験のある人が7度現場取材した印象を書いた記事が出てきました。橋本さんが何人かのドライバーに「どうすれば、今回の事件は防げたか？」を尋ねたところ、「無理だと判断した」時点で、「潔く、自力脱出を諦めて警察に誘導要請をするべきだった」し、「それができる人こそが真のプロドライバーだ」という、多くの現役トラックドライバーの意見があったそうです。なるほどな、と納得できる判断でした。

6　酒酔い運転で運転中ウトウトして、県道の桜並木に突っ込んだ

この事故で免許停止になった
Kさんは宴席の帰り、市道を運転していました。少しお酒が入っていました。詳細は記憶していませんが、気がついたら並木の桜の木に突っ込んでいました。桜の木は折れてしまいました。今でもその道に行くと、そこの木だけ若い木を植えて他の木より細いのでわかります。Kさんは免許停止になりました。

弁護士の見解　道路交通法第65条1項の酒気帯び運転として罰せられます。法定刑は、3年以下の

懲役または50万円の罰金です。量刑は本件では50万円以下の罰金で済むものではないかと思われます。

桜の木を折ったことそのものは犯罪ではありません。

村尾のコメント　最近は、飲酒運転から事故を起こすと大きいペナルティーを受けることが多くなり、この種のケースを見かけることは減りました。飲酒運転はドライバーのお酒の強さに個人差があることから、いろいろな隠れたエピソードがありそうです。

7　作曲家小室哲哉の5億円詐欺

所属会社が肩代わりして返金した

２００８年、作曲家小室哲哉が詐欺事件を起こしました。5億円を受け取った小室哲哉でしたが、慰謝料を含む6億円の解決金を払うことで被害者男性と一旦和解成立しました。しかし、小室哲哉は払わず詐欺容疑で逮捕されました。小室哲哉の所属会社であるエイベックス社がその金額を全額肩代わりして返金しました。

小室被告の発言に「お金をすべて返せばそれでよい」というニュアンスが端々にあるといいます。返せばいいのでしょうか？

弁護士の見解　詐欺を行った時点で犯罪（刑法第２４６条）が成立します。その後、お金を返したとしても、犯罪事実が消える訳ではありません。量刑としては、法定刑は10年以下の懲役と重いのですが、被害者と和解（示談）していますから、懲役3年以下で執行猶予付きとなるでしょう。

村尾のコメント　小室哲哉の詐欺は何故できたのでしょうか？　理由として、①知名度が高い、②小室哲哉の作品に愛着、思い出のエピソードがあるからでしょうか？　しかし、5億円の詐欺を行いながら、その犯罪者をサポートする人、組織があること自体が音楽の世界の特殊性と思われます。

8　大学教授の行ったストーカー行為

お気に入りのデリヘル嬢ができても、自宅まで押しかけたら犯罪

２０１９年、68歳の九州工業大学特任教授の金田寛容疑者。都内のデリヘルでお気に入りのデリヘル嬢ができたそうで、月に3～4回、同じ女性を指名していました。そのうち、客としての関係では飽き足らなくなり、その女性に「愛人になってほしい」としつこく迫り、店から出入禁止を言い渡されていたそうです。すると探偵を使って自宅を調べ、自宅前で待ち伏せして付きまとったストーカー行為をしました。

弁護士の見解　ストーカー規制法で規制する〈ストーカー行為〉になります。
　法定刑は６月以下の懲役または50万円以下の罰金ですが、量刑としては、30万円～50万円の罰金と思われます。

村尾のコメント　風俗で働く人も、お店を離れたら民間の一般人です。自宅近くでは普通の人の生活を送っているはずです。そこを探偵を使って個人情報を突き止め、ストーカー行為をされると、被害者側は転居を含めていろいろな対応を余儀なくされることになります。

9　スマイリーキクチさんの受けたネット中傷

加害者側１２００人の大型事件
　お笑い芸人のスマイリーキクチさんが１９９９年頃から受けたネット中傷ツイッター、デマの拡散事件です。本人とは全く無関係な「女子高校生コンクリート詰め殺人事件の実行犯である」との誹謗中傷を長期間にわたって受けた事件です。加害者側は１２００人とも報道されています。最終的に男女21人が検挙されました。デマ情報をうのみにして拡散したケースが多かったようです。しかし、検挙された全員が不起訴になりました。

弁護士の見解　これは名誉棄損罪（刑法第230条1項）に該当します。
法定刑は3年以下の懲役または50万円以下の罰金です。被害者が長期間にわたって誹謗中傷を受けたことを考えれば、検挙された21人がどの程度の誹謗中傷をしたかにもよりますが、量刑は罰金刑では済まず、懲役刑が科される可能性があります。

村尾のコメント　ネット上の誹謗中傷は、現在は数多く報道されていますが、この事件はそのはしりとも言えるケースです。番組では、ある時点で警察が本腰になり、犯人の摘発まで至りますが、なかなかそういうゴールまでたどり着けないケースが多いようです。しかし、調べたところ、犯人は全員不起訴になっているそうです。ネット上の犯罪の摘発の難しさでしょうか？

10　口論になって、相手の眼を傘で突き失明させた

タクシー待ちをしていた目黒駅前で起きた事件
２０１９年7月、目黒駅近くの路上でタクシー待ちをしていた男性が路上で通りかかった男性と口論になり、その男性に傘で眼を突かれ失明しました。防犯カメラの映像から荒川拓雄という男が逮捕されました。「知人でもなく、殺意もない」と証言するとどうなるでしょうか？　地検は殺意の有無を考慮して、傷害罪にとどまると判断しました。

弁護士の見解　殺意が認定されない場合は、傷害罪（刑法第２０４条）にあたります。

本件は、傘で目を突くという極めて危険で悪質な行為であり、結果も重大と思われますから、量刑としては（示談の有無にもよりますが）、２年６月～４年ぐらいの懲役が考えられます。

村尾のコメント　「もともと怒りっぽい人と、偶然でも鉢合わせしてしまって、何らかの理由で怒らせてしまうと恐い」というパターンの典型的なケースです。この事件の被害者は加害者と出会ってしまって、事件の被害者になってしまったことで大きく運命が変わってしまいました。

怒りっぽい人の怒りのスイッチがいつ入るのか？　それを知ることのできる術はあるのでしょうか？　そのような人の怒りを警戒して、当たり障りなくやり過ごす術はあるのでしょうか？

11　現役の巡査が特殊詐欺の受け子をやった

アイデンティティがなくなっちゃうよ！　というケースです

２０２０年、特殊詐欺の受け子を現役の神奈川県警交通機動隊員の巡査だった蕪木紀哉被告が行ったケースです。「警官が警官に成りすまして特殊詐欺の犯行を行う」という表現は事実と合っているようです。蕪木被告は「他にも6件ぐらいやっている」と供述したそうです。犯行の動機はスロットにハマって増えた３００万円の借金でした。神奈川県警の中ではだいぶ動揺があったようです。

弁護士の見解　詐欺罪（刑法第２４６条1項）の共犯です。

受け子は、特殊詐欺の犯罪の中では従属的な立場です。しかし、現職の警察官の犯罪であり、社会的な影響力なども考えますと、量刑は懲役3年～4年ぐらいと思われます。仮に懲役3年以下になるとしても、執行猶予が付かない可能性があります。

村尾のコメント　この事件を報じた産経新聞は記事の見出しに∧「警察官は聖職」の意識薄く∨と見出しを付けました。警察がコンビニのＡＴＭの防犯カメラを解析すると、特殊詐欺の犯人が身内の同僚警官だったというケースです。一般人の警察へのイメージと起きた事件に距離がありすぎて、未だに事件の意味づけをコメントしかねるケースです。

12　実在する女児の裸をコンピュータグラフィックスで書いた

リアルとコンピュータ画像の相似性が高すぎると……

２０２０年、実在する女児の裸をコンピュータグラフィックスで描いたとして、岐阜市の高橋証被告が児童買春.児童ポルノ禁止法違反に問われました。

最高裁第一小法廷は〈児童ポルノに当たる〉と職権で判断し、罰金30万円とした高裁判決が確定しました。

弁護士の見解　このケースは最高裁判決が出ました。

問われた犯罪となった児童買春、ポルノ禁止法違反に認定されました。量刑は最高裁の判示のとおり、30万円の罰金です。

村尾のコメント　写真ではなく、コンピュータグラフィックスのイラストで実在の女児の裸を忠実に描写したケースです。法律が想定している犯罪に、この事件の事実が合致するかが争点になりました。高裁と最高裁は有罪と判断しました。

13　パンツの上からか？　中か？　小田急線内の痴漢行為

やったけれど、パンツの上からだったと説明

現役東大生が小田急線の車内で痴漢をしました。男は痴漢行為を認めたものの「パンツの上から触った」と主張しました。パンツの上からなのか？　パンツの中に手を入れたのか？　その差はどう違うのでしょうか？

弁護士の見解　このケースは暴行または脅迫を用いていませんから〈強制わいせつ罪〉の成立は難しく、迷惑防止条例違反となり、罰金20万円～30万円の量刑になると思われます。
ちなみにパンツの上から触ったのか？　パンツの中で触ったのか？　それにより量刑は変わります。

村尾のコメント　痴漢の犯罪のケースです。このケースは〈痴漢という行為そのもの〉をやったことは争わず、その内容、程度について争ったケースです。犯人から見て、その程度の差は、どう意味が異なるでしょうか？

14　同僚に睡眠導入剤の入ったシュークリームを食べさせた

毒、薬を使った女性の犯罪の例

２０１３年、大阪市平野区の小学校で音楽講師が同僚の女性教諭に睡眠導入剤を入れたシュークリームを食べさせ急性薬物中毒にさせました。食べさせられた教諭は一時、意識不明になり、９日間入院しました。他にも複数の女性教諭が突然、眠り始めたそうです。
被害届は出ておらず、府警は事件化を見送りました。

弁護士の見解　このケースは立件されたら傷害罪（刑法第２０４条）でした。量刑としては、懲役1年～2年位、場合によっては罰金で済む可能性もあります。

村尾のコメント　この記事で、元刑事で犯罪社会学者の北芝健さんは「昔から毒を使った女性の犯罪は多く報告されています」と説明しています。犯人は生徒には受けがよく、人気があったという話もあります。

15　後輩の男性教諭に激辛カレーを食べさせて遊んだ

激辛を食べさせて、困らせて、笑う

２０１９年、神戸市の東須磨小学校の教諭４人が後輩の男性教諭に激辛カレーを食べさせる暴行や暴言を繰り返していました。外部調査委員会は20年２月、報告書を作成し１２５項目の加害行為を認定しました。市教育委員会は２人を免職、２人を停職の懲戒処分にしました。

弁護士の見解　このケースは暴行罪、脅迫罪、侮辱罪成立が考えられます。ただし、いずれの犯罪が成立しても被害が重篤でない場合は執行猶予付き（３年以下の懲役）の量刑となると思われます。

村尾のコメント　このケースも外からはわかりにくいケースです。神戸新聞の記事から読み取れるのは、小学校の職員室という閉鎖空間で、

①　加害者側4人の元々の資質が理由の1つ。

②　前校長、当時の現校長、その前の歴代校長の、繰り返された威圧的な言動。例えば、「死ね！」、「つぶす」、「あいつは、もう公開処刑や！」などの言動が繰り返しあったそうです。

組織全体が壊れていたから起きた犯罪と言える面があるかもしれません。

16　中学生どうしで殴り合いのケンカになった

ケンカは、年齢に応じて、どう処罰される？

静岡県の中学生どうしで殴り合いの喧嘩になり、双方血だらけになりました。

横浜市の小学校で4年生の男子児童が水筒で同級生を殴りました。

何が犯罪で、何がそうでないのでしょうか？

弁護士の見解　中学生のほうは傷害罪になります。中学生でも14歳で刑事責任を問われます。すなわち、14歳になれば、事物の是非・善悪を弁別し、かつそれに従って行動する能力（責任能力）があると解されているのです。傷害罪（刑法第２０４条）の法定刑は、10年以下の懲役または30万円

以下の罰金もしくは科料です。量刑は傷害の程度によります。また、どちらが先に殴ったかなど、喧嘩に至る経緯なども量刑に影響します。
小学生は14歳未満なので、刑事責任を問われません。

村尾のコメント　小学生どうし、中学生どうしの喧嘩は珍しいとは思えません。しかし、法律的な側面は、前記、弁護士の見解のように、意味付けが分かれるようです。子供たちは意味付けがわからないでしょうから、親のほうから、どこかのタイミングで教えてあげる必要がありそうです。

17　小学4年生の女子児童をオンラインゲームをしようと誘って、連れ出して誘拐、監禁した

警察の捜査が上手く行って無事助け出せたケース
２０２０年9月、横浜市青葉区の児童（小学校4年生女子）をオンラインゲームをしようと誘って、待ち合わせをして連れ出して、誘拐、監禁しました。防犯カメラには2人で歩いている姿（その段階では少女が本人の意思で犯人と一緒に歩いている）も映っていますが、途中、どこかのタイミングで少女の手足の拘束をしました。
神奈川県警は誘拐事件の起きた近辺の防犯カメラの映像から犯人を割り出し、未成年者誘拐の疑

いで、車に乗って自宅から出てきた東京都葛飾区在住の大竹晃史容疑者を3日後に、現行犯逮捕しました。女子児童は無事でした。

しかし、2人が歩いている姿を映した防犯カメラおよび、車のナンバーを映したカメラ以外に、近くに防犯カメラは少なく、警察が犯人を防犯カメラから特定できる量の情報が集められたのは幸いでした。

弁護士の見解　逮捕、監禁罪（刑法第220条）および未成年誘拐罪（刑法第228条）にあたります。いずれも、法定刑は3月以上5年以下の懲役です。懲役刑の重さ（量刑）は、誘拐、監禁の方法や期間（時間）の長さなどによって決まります。

村尾のコメント　このケースは母親がスマホの機種変更をして不要になった古いスマホを、小学4年生の娘さんに将来のための練習になれば、と持たせたことが話の発端のようです。

お母さんは通話契約をしていないので「使える用途も限られる→少しでも子供の練習になれば」と軽く考えたようですが、自宅、友人宅などのWi-fi環境のあるところでは通話、メール、ゲームを含め女の子のやりたいこと、ほとんどができたようです。

幸いにも、女の子は①怪我なく帰って来れたこと、②監禁期間が短かったこと、③監禁期間中に大きなダメージがなかったことから、メンタルのダメージは少なく、現在は元気なようです。

18　コンビニ店員が客の物言いに腹を立て、店の外に連れ出して投げ飛ばした

接客していた店員が突如として傷害の実行犯になる

２０２０年８月、コンビニ店員が釣銭の渡し方でお客さんからクレームをつけられ、トラブルになりました。怒ったその店員は釣銭の渡し方を注意されたことに憤慨してそのお客さんを店の外に連れ出して、投げ飛ばし重傷を負わせました。投げられた人は、一時、意識不明になりました。その後、被害者はどうなったでしょうか？

弁護士の見解　傷害罪に相当し、傷害の程度が被害者が意識不明になるくらいの重傷ですから、懲役１年６月～３年位が予想されます。

村尾のコメント　本書に載せた事例の中で、私にとって一番恐いケースです。

この事件がネットでも注目されているのは、ある人が指摘しているように、「事件現場がコンビニという日常的な場所で起きたことだ」という点が大きいでしょう。私自身も毎日のようにコンビニで買い物をしています。仮に多少のトラブルがあったとしても、その直後に店員の態度が豹変し

て、自分を殴って来たり、投げ飛ばすという場面は全く想像できません。今でも想像できません。これからはこういうリスクも考えて生活しないといけないのでしょうか？

19　俳優の大麻所持

俳優が大麻を使用して捕まると後が大変

２０２０年９月、俳優の伊勢谷友介が自宅で大麻を所持していたとして逮捕されました。有罪判決を受け入れ、控訴をしない意向のようです。また、逮捕によって、高額の賠償金を請求されました。その金額は５億円とも言われているそうです。

弁護士の見解　大麻取締法違反で初犯であれば、量刑としては、所持していた大麻の量にもよりますが、執行猶予付きで懲役６月～１年位と思われます。

村尾のコメント　大麻は薬物の中でも、その日常性という性格において、他の薬物と一種違うようです。

合法と取り決められている国も多いようですし、その結果、「大麻を違法と扱うのは、国のほうが間違っている」と考える人が一部にいるようです。

また、大麻の繊維は麻織物として使用し、話が複雑になっています。

20　点滴を使って何人も殺した？　旧大口病院のケース

偶然のミスから事件が発覚した

２０１６年９月、点滴連続殺人事件？　と疑われるケースが横浜市神奈川区の旧大口病院でありました。被害者48人？　の大型事件です。そのうち40人以上は医師の診断で＜自然死＞として診断され、既に火葬されていたため、証拠はなくなっていました。既に病院での＜老人の通常の死亡＞として扱われていました。

立件された３人のケースでは、共通して＜ヂアミトール＞という殺菌、消毒成分が検出されました。証拠はなくなっていても、事件発覚前の７月～９月は48人の患者死亡、発覚後の約70日間は０人の患者死亡、という事実は残っています。

発覚のキッカケは、当直の看護師がたまたま患者さんの点滴のスタンドを倒してしまいました。その際、点滴液から異常な量の泡が出て「これはおかしい」ということになり、成分を分析した結果、消毒液の混入が発覚しました。なので、この看護師が点滴スタンドを倒さなければ、その後しばらくも、同様の被害者が続いたと推測されます。

２０１８年７月、当時病院に勤務していた看護師の久保木愛弓が逮捕され、久保木被告は罪を認

もし、その時、点滴液が倒れなければ、被害者は何人になった？

めました。
２０２１年10月裁判が開始され、11月第一審で無期懲役の判決が言い渡されました。

弁護士の見解　決定的な証拠を欠く事案となる可能性もあり得たケースです。裁判の進行によっては6章に分類するべき可能性もありました。

ちなみに、殺人罪の場合、被害者が1人の場合には、量刑として懲役10年前後が多いですが、複数人を殺害した場合には、死刑となる場合が多く、軽くても無期懲役です。

村尾のコメント　実はこの事件こそ、私が本書の執筆を思い立ったキッカケとなった事件です。当時、私の関わりのあったある施設がそこのスタッフの健康診断をこの病院に依頼していました。そういういきさつもあり、仕事上の都合もあり、私もこの病院の前まで当時は何度も行っています。神奈川区大口という大型商店街のある、独特の下町風情のある街の駅から徒歩１～２分にある病院です。地域に充分根を下ろした病院だったのです。

その個人的によく知っていた病院の４階のフロアで起きていた？　大量殺人。

しかし、証拠のかなりの部分は既に〈処理されて〉いて残っていません。３人のケースで有罪と確定しても、全体が解明された訳ではありません。

「３人殺したことが認定されれば死刑が相場」だそうですが、何故か無期懲役の判決が出ました。戦後有数の大量無差別殺人の犯罪があった可能性が色濃く残ります。

21　Ｊリーグ選手の交際相手へのＤＶ（ドメスティックバイオレンス）

交際相手のスター選手を傷害罪で警察に通報する女性の気持ちはいかばかりだったか？

Ｊリーグベガルタ仙台の道渕諒平元選手は交際相手の女性へのＤＶによる傷害罪で　逮捕、拘留されました。キッカケは交際相手だった女性からの警察への通報でした。

弁護士の見解　交際相手の女性に対してであっても、傷害を生じさせた以上、犯罪は成立します。傷害罪は、15年以下の懲役または50万円以下の罰金です。量刑は傷害の程度により決まってきます。

村尾のコメント　DVが起きる理由はなんでしょうか？　また、伝えられている状況まで被害者の女性が耐えることができてしまった理由はなんでしょうか？

2人の心の中に入り込まないとわからない部分が多いと思われるケースです。

22　歩道の中の駐車場にバックで車庫入れ

自転車も走ってくる歩道をハンドルを回しながら10mバックする怖さ

Lさんの事務所は建物の横に駐車場があります。駐車スペースは私有地ですが、そのスペースに入るには歩道をバックで10mほど運転して入る必要があります。歩道の上をバック運転中に歩行者、または自転車と接触して、怪我をさせる事故を起こした場合、どういう責任を取ることになるのでしょうか？　責任、ペナルティーの重さを知っておきたいと思います。

弁護士の見解　このケースでは、業務上過失致傷罪が成立します。ここにいう業務とは、各人が社会生活上の地位に基づき反復継続して行う事務で、かつ他人の生命体に危害を加えるおそれのある

バックで車庫入れ中に、特に、自転車が突っ込んで来るのが恐い

ものとされています。ペナルティーの重さですが、〈5年以下の懲役もしくは禁錮、または100万円以下の罰金〉です。

怪我の程度と過失の程度により、別ページの法定刑の範囲内で判断されます。

別表参照158ページ

村尾のコメント　このケースは身近な人から相談を受けたケースです。このケースのことを聞いて、「歩道を車で走ること」の意味を改めて考えてみました。もし、このケースで歩行者か、自転車と接触事故を起こしたら、どういうことになるのでしょうか？　そして、それが車のバック走行だったら、どうなるのでしょうか？　を確認しました。相談を受けてから、いろいろな疑問が湧いてきました。

23　持続化給付金詐欺

ウソなのに申請したらもらえてしまった。

新型コロナウイルス対策で、売上の減少した個人事業主に最大100万円を支給される＜持続化給付金＞を詐取する事件が続発しました。中でも特徴的なのは、「友人に誘われて、アドバイス通りにやって、持続化給付金をもらえてしまった」が、同様のケースで逮捕された人の報道をテレビで見て、怖くなって、自首したケースが何回もあったということです。

また、中には不正受給総額が1億3000万円に上るケースもあるそうです。

弁護士の見解　例え友人に誘われて、アドバイス通りにやったとしても、詐欺罪の実行犯であることは変わりがありません。一方、誘ったりアドバイスしたりした友人は、詐欺罪の共犯に問われることになります。ただし、量刑は主体的に詐欺を行ったわけではありませんから、比較的軽い執行猶予付きになると思われます。

村尾のコメント　何百万人もの人が困り、困窮した今回のコロナ感染時代。困窮者の救済のために多少は甘く運用している可能性はあると思いますが、明らかな詐欺は立派な刑法犯です。普通の一般人が一気に詐欺罪という刑法犯の実行に近づいてしまったケースと見えます。

24　大学のサッカー部員、野球部員、アメフト部員が大麻を使用した

大学運動部と大麻、覚醒剤の関係は

２０２０年10月、近畿大学はサッカー部部員の少なくとも5人が大麻を使用したと発表しました。大学は事態を非常に重く受け止め、サッカー部の無期限活動停止を決めました。

２０２０年10月、東海大学は野球部員の数人が野球部の寮で大麻とみられる薬物を使用したことが確認されたとして、同部を無期限の活動停止処分にしたと発表しました。

２０２３年8月、日本大学アメリカンフットボール部部員が覚醒剤と大麻所持で逮捕されました。この事件は現在、進行中です。

弁護士の見解　大麻取締法違反の罪が成立します。

ただし、量刑的には、今回が初犯であれば、通常は執行猶予が付きます。

村尾のコメント　大学の運動部はその目指すところが高いほど、その練習量の密度を高めるため、

規律の厳しさを維持するため、必然的に寮生活になるケースが多くなります。その寮生活の中で誰かが大麻を使い始め、それを他の誰かがやめさせる自浄能力が働かないと、次の展開としていずれこうなることがあります。活動には致命的ですけど。少なからず類似のケースが起きていて残念です。

25 俳優がひき逃げをした

事故を起こした時こそ冷静さが必要

若手俳優の伊藤健太郎が2020年10月、車を運転していて、東京都千駄ケ谷の道路で男女2人が乗るバイクと衝突する事故を起こしました。そして、事故を起こしただけでなく、現場から逃走し、〈ひき逃げ〉として逮捕されました。

弁護士の見解　道路交通法違反、および怪我をさせていれば業務上過失致傷罪が成立します。法定刑は5年以下の懲役もしくは禁錮または100万円以下の罰金です。量刑は傷害の程度にもよりますが、ひき逃げの悪質性も考慮されますから、懲役8月～1年程度と予想されます。

村尾のコメント　私も交通事故の加害者になったことがあります。理由は何であれ、追突したときの〈やっちまった感〉は大変激しいものがあります。特に①若い人が、②俳優という立場のいわゆる有名人、がやれば、より、やっちまった感は強くなると思われます。
しかし、そこで逃げずにキチンと義務を果たさないといけないのです。特に自動車事故は大きい金額の負担が発生しうる法律行為なので。この事件は２０２１年３月、不起訴処分となりました。

26 カラオケ店が「コロナが発生した」というデマを流された

かなり追いかけることができても、特定はできなかった

２０２０年10月、大阪のカラオケステージ〈絆〉はコロナが発生していないのに、「コロナが発生した」とデマを流されました。流した人は「友人にも知らせてあげよう」という意識だったそうです。マスターは発信源を特定しようと、次々と電話をかけて追求しましたが、Aさん、Bさん、Cさん、と追いかけ、Gさん、Hさん、Iさん、まではたどり着きましたが、その先ははぐらかされ、結局デマの発信源を特定することはできなかったそうです。

弁護士の見解　業務妨害罪（刑法第２３３条）が成立しますが、犯人が特定されないことには、犯罪として立件することはできません。ちなみに、本罪の法定刑は3年以下の懲役または50万円以下の罰金です。仮に、犯人が特定された場合、量刑としては、当該カラオケステージが受けた損害にもよりますが、50万円以下の罰金刑で済まされると思われます。

村尾のコメント　マスターのやり切れない気持ちはよくわかります。しかも、発信源を特定しようとして電話をかける相手が常連客ばかりということですから。コロナ感染の恐怖と、コロナ感染による感染者のダメージの大きさが両方、現れているケースです。

27　偽造ナンバーの車にぶつけられた

頼りにしていたドライブレコーダーが映したナンバーは偽造ナンバーだった

２０２０年、Ａさんは車道で前の車がバックしてきて、ぶつけられました。ぶつけた車の運転手は車から降りてこず、そのまま車を運転して立ち去りました。常識的には降りてきて謝るべきだし、加害者、被害者両方で警察の実況検分をその時点で受けるべきなのですが。

Ａさんは常識とマナーのないドライバーだと思いながら、そのときは大ごとだとは考えませんでした。なぜならＡさんの車はドライブレコーダーが付いていて、車のナンバーが映っていたからです。

しかし警察に事故を届けて事態は一変しました。映っていたナンバーの車は警察が陸運局に問い合わせたところ、「存在しない車」だったです。ぶつけた車は偽造ナンバーだったと推定されます。

弁護士の見解　Ａさんが怪我をしていれば、業務上過失致傷罪（刑法第２１１条）が成立します。

量刑は傷害の程度によりますが、本件では罰金にとどまると思われます。

村尾のコメント　最近の車は、事故の発生した時の自己防衛の観点から、ドライブレコーダーを装備するケースが多くなっています。今回のケースもドライブレコーダーの記録が役に立つケースと思われました。しかし、加害者の車が偽造ナンバーだった事で事態は一変しました。

28　新聞社社員が持続化給付金詐欺を約40件やった

数百人の事情聴取に発展した

２０２０年12月、沖縄県の沖縄タイムス社の40代元社員（10月８日付けで２人を懲戒解雇）が持続化給付金詐欺をしました。具体的には持続化給付金１００万円、緊急小口資金20万円、資金60万円を受け取りました。それだけでなく、社内外の知人約40人に申請を勧誘しました。この件については沖縄タイムス社自体が「第３者を交えた特別検証委員会」をつくり、検証し報告されました。この不正受給に関与した人として、沖縄県警は数百人の事情聴取をしたそうです。

弁護士の見解　詐欺罪（刑法第２４６条）が成立し、法定刑は10年以下の懲役となります。本件は自身のみならず、知人約40人をも勧誘したのですから、「犯情は極めて悪い」と言わざるを得ず、当然、量刑は同種事案の中でも重いものとなり、懲役1年～2年6月位ではないでしょうか？

村尾のコメント　新聞社の記者は∧社会の木鐸となる↓社会の正義を守る∨立場だと、一般的には考えられています。新聞社の社員もその立場に準ずると普通は考えられています。

今回の事件は、その一般的な通念を根本からひっくり返す事件でした。

なお、業態はフリマ雑貨販売、ヨガインストラクターなどの架空のビジネスを使ったそうです。

29　車に3か所、引っ掻き傷を付けられた

路上駐車なら、ほとんどのパターンがやられ損

Uさんはアルバイト先の指定駐車場に車を駐車していたところ、3か所、引っ掻き傷をつけられました。現場は防犯カメラはなく、目撃者もいません。

弁護士の見解　これは器物損壊罪（刑法第261条）です。法定刑は、3年以下の懲役または30万円以下の罰金もしくは科料です。加害者が特定されれば　処罰されます。

量刑は、傷のひどさにもよりますが、懲役刑になることは考え難く、30万円以下の罰金刑が予想されます。

村尾のコメント　このケースは私の親しい友人のケースです。警察は①加害者の加害する意志の強さの推定、②推定できる犯行時間の短さ、③わざわざ見つけやすい所に傷を付けているの3点から被害届を受理しました。そして、360度ドライブレコーダーの装着をすすめました。

しかし、この件のパターンの加害者を特定するのは容易ではなく、泣き寝入りになるケースが多いようです。Uさんは、担当してくれた警官からドラレコがあるのが最低条件としつつも、「警察は、犯人が車に寄って来るのがドラレコに映っていても『あなた、やってますよね？』とは言えないですよね」と言われました。

30　男子児童が歩道橋を降り、歩道に出た瞬間に自転車にはねられた

自転車によるひき逃げ

２０２０年10月、横浜市南区で小学3年生男子児童が自転車2台に相次いではねられ、腕の骨を折る重傷を負う事件が起きました。男子児童は下校途中で、いつも使う歩道橋の階段を降り、歩道に出た直後にはねられたそうです。

2台の自転車は現場を立ち去っており、警察はひき逃げ事件として調べています。ただ、2人のうち、30代の女性はその後警察署に出頭したことがわかりました。

弁護士の見解　2台とも運転者には重過失致傷罪または過失致傷罪が成立します。重過失致傷罪の法定刑は5年以下の懲役もしくは禁錮または100万円以下の罰金です。過失致傷罪ですと、30万円以下の罰金または過料です。

ただし、1人は自発的に警察署に出頭してますから、逃げたままの人と比べて情状がよいため、量刑は軽くなります。量刑としては、逃げたままの人は、懲役8月くらいになる可能性はありますが、警察署に出頭した人のほうは、罰金刑にとどまると思われます。

村尾のコメント　小学生が下校途中の歩道を歩いていて、骨折に至る重症の被害を受けるということが実際に起きたら！　その当事者は児童も、両親もどう思ったでしょうか？　加害者は「逃げてはいけない。義務としてやるべきことはキチンとやる」という強い気持ちが必要です。

31　大手生命保険のベテラン女性外交員が19億円の大型詐欺をした

この大型詐欺の被害額は第一生命が全額補償しました

第一生命の89歳の元女性外交員。正下文子。「客に計19億円の架空の金融取引を持ち掛け、約19億円を不正に取得する詐欺を行った」として、訴えられました。

第一生命は元社員を刑事告発しています。被害はもっと巨額に膨らむとの報道もされています。

弁護士の見解　犯行態様が悪質であり、かつ被害金額も多額な詐欺罪です。

詐欺罪の法定刑は＜10年以下の懲役＞ですが、余罪もあるとすれば、法定刑の上限に近い判決が下る可能性があります。

村尾のコメント　第一生命は日本を代表する生命保険会社です。その第一生命が特別の役職を89歳になるまで与えていた女性が、何故このような大規模な詐欺を行ったのでしょうか？

しかし、この事件は先日、第一生命が全額補償する事で、被害者の金銭面は決着することになりました。

第一生命と犯人との間はどのように決着するのでしょうか？　また、その決着が表に出ることはあるのでしょうか？

32　飲酒して酒の勢いで駅員に暴力を振るった

駅で殴ると人生ガラッと変わる

電車の駅でポスター。「つい、カッとなった。人生がガラッと変わった」をよく見かけます。

２０１９年の　お客様同士、鉄道員への乗客の暴力事件　５８１件

２０２０年　同上　３７７件

飲酒で自制の効かなくなった人が起こすケースが過半数のようですが。

弁護士の見解　我が国の法律ではお酒を飲んでいたからとの事情は情状酌量の原因にはなりません。飲み過ぎて、判断能力が麻痺してやってしまったとの言い訳は通用しないのです。したがって、量刑についても、お酒を飲んでない状態で犯したケースと基本的には変わりありません。

怪我をさせたか？　否か？　で傷害罪または暴行罪が成立します。傷害罪であれば、法定刑は15年以下の懲役または50万円以下の罰金。暴行罪であれば、2年以下の懲役もしくは30万円以下の罰金または拘留もしくは科料です。

村尾のコメント　私は幸か不幸か？　お酒がほとんど飲めません。普通の人の数分の一の量で予定量終了です。なので、相当量飲んだ後で、他人に暴力を振るう人の心理、状況は推測できません。

33　コンパのあとで、女子大生だけがバタバタ倒れた

大学生のコンパで男子大学生が女子大学生の酒に何らかの薬物を使用して酩酊させた

２０１４年6月、女子大生が新宿歌舞伎町の旧コマ劇場前の繁華街で、バタバタ倒れたケースがありました。飲ませた側の男子大学生がお酒の中に何らかの薬物を使用した疑いがささやかれてい

女子大生だけが、路上に10人ほど倒れている異常な状況。周りで男子大学生がオロオロ

るそうです。

弁護士の見解　物理的な力を加えて怪我をさせたわけではありませんが、このような場合にも、人の生理的機能を障害したとして、傷害罪の成立が考えられます。

傷害罪の法定刑は15年以下の懲役または50万円以下の罰金です。量刑としては、女子学生の受傷の程度により異なります。

本件では、倒れた女性の回復度合いにもよりますが、罰金刑でとどまると思われます。

村尾のコメント　当時の東京スポーツ紙に路上に若い女性が10人ほど倒れている光景の写真画像があります。一見すると、

若い女性たちが飲み過ぎただけなのでは？　と見えるケースです。

しかし、女性だけ10人以上倒れて、男性はみな正気なのはおかしな状況です。何らかの薬物、脱法ドラッグを入れて飲ませた可能性もあるようです。

34　静岡県の日本坂トンネル事故、歴史に残る大規模自動車事故

この歴史に残る大事故の原因となった2台は走って立ち去っている

１９７９年7月、静岡県の東名高速道路日本坂トンネル下り線（全長２５５５ｍ　３車線）で多重衝突事故が発生しました。具体的には、次のとおりです。

①　トンネル内、焼津側の出口近くで2台の自動車が接触した小さな事故が起き、渋滞が起きていました。この2台はその後、立ち去りました。

②　この2台に気が付いたトラックAが急ブレーキをかけました。この車は衝突せず止まれました。

③　その次のトラックBは前方不注意で止まれず、Aに追突しました。

④　以下、C、D、E、Fまで追突。中でもF（大型トラック）はEに時速１００㎞で追突。この6台のうち4名が即死。３名が焼死しました。

⑤　その後の車も、当時はトンネルの入り口前に、トンネル内の事故を知らせる表示がなく、次々

とトンネル内に進入しました。

⑥ 事故車両の荷物には合成樹脂、タイヤなどの可燃物もあり、車のガソリン、軽油にも引火し、結果１７３台の自動車がトンネル内で焼失しました。

⑦ 死亡者以外のドライバー、同乗者は全員が警察、消防の誘導で避難、脱出できました。

⑧ しかし、鎮火まで65時間かかりました。

⑨ 日本の道路トンネルの火災として、史上最大の規模の事故となりました。

弁護士の見解　業務上過失致死傷罪が成立しますが、ＢからＦまでのうち、過失の存在と生じた被害と因果関係が認められる者が加害者となります。被害者数から見ても、量刑は重いものとなります。おそらく罰金刑では済まず、過失の程度にもよりますが、懲役1年～3年くらいになる可能性はあります。

村尾のコメント　トンネル内の事故の恐ろしさを後世に伝える必要のある事故として、有名な事故です。

私はこのトンネルを事故の前後10回以上通行しています。

この事故は、数日間の炎上の結果、トンネル内のコンクリート、鉄骨もダメージを受け、完全復旧まで2か月かかりました。また、1週間後の仮復旧から完全復旧までの間は上り線を使った対面通行となりました。その結果、東名高速道路、国道1号線、国道150号線、中央高速道路、およびその未開通部分の並行道路で大渋滞が起こりました。
この件については、失敗学会が〈失敗100選〉の1例として、詳細にレポートしています。

35 高速道路での雪によるホワイトアウト

降った雪が舞い上がってホワイトアウトが起きた
2021年1月、宮城県大崎市古川小林の東北高速道路でホワイトアウトが発生した結果、多重事故が発生し、約140台が立ち往生しました。当日当時は、雪が降っておらず、前日に降った雪が風で巻き上がってのホワイトアウトが起きたようです。ドライバーの責任、運営側の高速道路会社の責任はどうなるのでしょうか？

弁護士の見解　ドライバーとしては、走行中の想定外の出来事ですから、基本的に責任は生じません。運営側の高速道路会社は、通行止めにしなければならない状況であったにもかかわらず、それを漫然と見誤ってしまったという場合には、責任が生ずる可能性があります。

村尾のコメント　高速道路はある程度のスピードは出して走る前提のため、道路上にホワイトアウトが起きると、事故発生のリスクは非常に高くなります。そして、事故が起きれば後続の車は当然、道路上に立ち往生になります。雪道で立ち往生するのはドライバーにとっては一大事です。

36　熱海市の大規模な土石流の原因

かなりの急傾斜の谷川を上流から大規模に土石流が流れて来た　標高差約400m

２０２１年7月、静岡県熱海市で大規模な土石流が発生しました．流れた土砂の大半が、川の上流の谷に積まれていた盛り土と見られ、「これが原因では？」と言われています。標高４００m付近で崩落を始めた土石流は約２km先で標高０mの伊豆山港まで達しました。

詳しい原因は現在のところ調査中です。

弁護士の見解　調査の結果、盛り土の作業に過失が認められる場合には、盛り土をした業者に業務上過失致死傷罪（刑法第２１１条）の成立が考えられます。

村尾のコメント　静岡県は土石流として崩落した土の97％が問題の土地の盛り土だったと試算しています。一部の被害者は被害の損害賠償請求の意思があることを表明しました。２年以上経った時点でも多くの被災者が生活再建をできていません。

37　アパートの外階段が、その通行中に崩れ落ちて、女性の女性が亡くなった

住んでいるアパートに戻り、その階段を上っていたら、崩落して、転落して、亡くなった

２０２１年４月、東京都八王子市の３階建て賃貸アパートで外階段の一部が崩れ、住人の女性が転落死する事故が起きました。女性が外階段を上っていた際に、踊り場と２階通路をつなぐ階段が崩落しました。約２ｍ下の地面に落ちた女性は５日後に死亡しました。

弁護士の見解　外階段の施工に瑕疵（不具合）があり、崩落した場合にはその施工業者が、外階段の管理が不十分であったため崩落を防げな

外出していた女性が、自宅アパートに戻り、階段を昇っていたら……

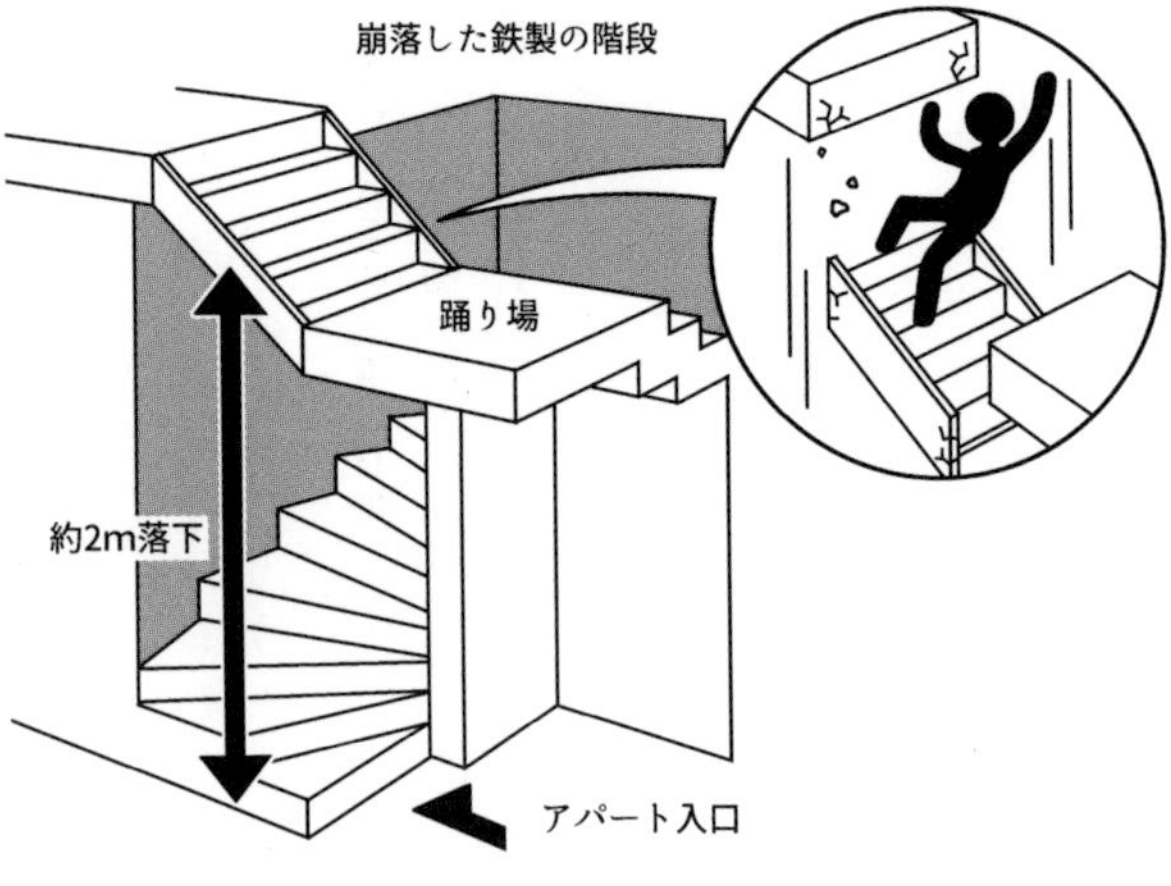

かった場合には、そのアパートの管理者（通常は所有者）が、業務上過失致死罪（刑法第２１１条）の責任を負う可能性があります。なお、施工業者、管理会社が倒産していても、刑事の責任は残ります。

村尾のコメント　賃貸で住んでいた女性が自宅に戻るため外階段を上っていたら、その階段が崩れ落ちて、転落して死亡したケースです。写真で見ると、そこそこ新しく見えるアパートです。

38　現役の官僚が「家賃支援給付金」をだまし取った

アイデンティティをなくした官僚　犯罪は取引ではない

２０２１年７月、現役の経済産業省官僚の２人が、国の新型コロナウイルス対策の〈家賃支援給付金〉をだまし取っていたとして逮捕されました。

被害総額は１１５０万円とも１３５０万円とも言われています。経済産業省はこの２人を７月19日懲戒免職処分にしました。

弁護士の見解　桜井容疑者、新井容疑者ともに、詐欺罪（刑法第２４６条１項）に該当します。何故このような犯罪に手を染めたかは、捜査および裁判の過程で明らかになるでしょう。

村尾のコメント　桜井容疑者について「給料より高い家賃のマンションに住み、高級外車に乗っている公務員がいる」と話題になっていたそうです。

しかし、桜井容疑者は10代から株取引で多額の利益を得ていて、1億円近い利益を得たこともあるそうです。桜井容疑者の知人は「株取引で利益を得ていたのに、何故家賃支援給付金に手を出したのか?」と疑問を呈していたそうです。どんな思惑があったのでしょうか?

39　タワーマンションで宅配業者を装った男に強盗された

犯人たちは現金がそこにあるのを何故知っていた?

２０２０年10月、セクシー女優のSさんは自身が住む都内中目黒のタワーマンションの部屋で、宅配業者を装った少年３人に襲われ、現金６００万円を強奪されました。Sさんは被害者でありながら、名前と顔を出し、被害の状況を伝えました。

弁護士の見解　本件では、住居侵入罪（刑法第１３０条）と強盗罪（刑法第２４０条）が成立します。現代は情報化社会ですから、自分の情報がいつどこから漏洩するか予測がつきません。したがって徹底した情報管理が必要です。また、宅配業者を装う手口にも十分な警戒が必要です。

村尾のコメント　私の友人に中目黒在住の人がいます。その人の見解では、このマンションは駅のホームからよく見えるマンションで街のランドマーク的なビルだそうです。当然、セキュリティーもしっかりしているはずです。そのマンションに

① なぜ強盗犯は侵入できたのか？　マンションのセキュリティーは機能しなかったのか？
② 強盗犯はどうやってSさんがそこに住んでいる事を特定できたのでしょうか？
③ 強盗犯はSさんが６００万円という大金を部屋に持っていることを、何故知っていたのでしょうか？

幾つもの疑問が湧いてきます。

40　知事のリコール運動の署名を偽造した

知事の不正を追求する団体が不正した署名が8割

２０２１年、愛知県の大村秀章知事の解職請求（リコール）運動で署名を偽造したとして、リコール団体の事務局長の田中孝博容疑者と次男の雅人容疑者を起訴しました。下請け会社を通じて署名偽造のためのアルバイトを集めたとされる広告関連会社の元社長も在宅起訴しました。

弁護士の見解　署名を偽造して偽造文書を作成したのですから、私文書偽造罪（刑法第１５９条）が成立します。また、その偽造文書を提出していれば、偽造私文書行使罪（刑法第１６１条）も成

立します。

村尾のコメント　提出された署名のうち、実に8割以上に不正があったことが判明しました。愛知県選挙管理委員会は地方自治法違反の疑いで、愛知県警察本部に告発しました。

知事の不正を追求する筈の団体が不正をしていたという笑うに笑えない結末でした。

41　ゴーン容疑者の海外逃亡を手助けした

アメリカ　グリーンベレー元隊員が逃亡を手助けした

２０１９年12月、日産自動車前会長のカルロス・ゴーン容疑者が関西国際空港からプライベートジェット機で逃亡した事件は、日本中を驚かせました。音響機器を入れる大型箱を使ったことはゴーン容疑者本人の発案だったそうです。

そのゴーン容疑者の海外逃亡を手助けしたとして、アメリカのグリーンベレー元隊員のマイケルテーラー被告とその息子のピーター被告に実刑判決が言い渡されました。なお、２人の被告は刑の途中でマイケル被告の体調と、日本の刑務所の劣悪な設備（暖房、エアコン、ベッドが無い）を理由にアメリカの収容施設に移送を希望し、かつ移送到着後に即釈放されました。

弁護士の見解　両被告には犯人隠避罪（刑法第１０３条）が成立します。実刑判決となったのは、当該犯罪の綿密な計画性と社会的な影響力の大きさなどが考慮されたからと思われます。

村尾のコメント　両被告は罪を認めており、逃亡に関わったことを後悔しているそうです。当初はゴーン被告に同情して行った犯罪でしたが。

一方、アメリカの検察当局は、ゴーン被告の逃亡を「近年でもっとも大胆かつ緻密な逃亡劇の1つ」と述べているそうです。

42　ボウリング場の女性スタッフを土下座させて謝らせた

土下座させて、かつ、インターネットにその映像を投稿した

２０１４年12月、滋賀県内のボウリング場で、客の男女３人が30代の女性店員に45分にわたって言いがかりをつけた挙句、土下座で謝らせる事件が起きました。そのうち２人は当時16歳と17歳の少女で、少女がインターネットに自ら投稿した画像で「くそおもろい笑」のコメント付きで載せました。この画像が捜査の端緒となりました。

３人がキレた原因は店員から「未成年じゃないですか？　生年月日を教えてください」と年齢確認されたことだそうです。

弁護士の見解　強要罪（刑法第２２３条）に該当し、法定刑は3年以下の懲役です。

本件では、＜言いがかり＞の強さやひどさが量刑に影響を与えます。また、その後に撮った画像をインターネットに投稿して画像を広く発信させたことも、情状として悪く判断されます。

本件の判決は懲役8月の実刑判決でした。8月の懲役を見ると軽そうですが、執行猶予が付かず実刑に処せられたのですから、それなりに被告人らにとっては重いものになったとも言えます。

村尾のコメント　今回の本を編集するにあたり、強要罪という刑法上の犯罪があることを知りました。この犯罪の名前に聞き覚えのない方も多いのではないでしょうか？　一般の人に知らない人が多いのであれば、今回のケースの2人の少女が自分達のやったことが刑法上の犯罪の共犯者だという事に思い至らなくても、ある意味、仕方ないとも言えると思います。

しかし、このような騒ぎを起こして、その上で①少女の1人が「店員の土下座する様子」を撮影して、さらに②X（旧ツイッター）に掲載するというのは、どういうメンタリティでしょうか？

見方を変えれば、犯罪名を知るか、知らないか、ではなく、＜マナーとして、こういうことはやらない＞人達はこういう犯罪と無縁だったと言えるでしょう。

犯罪名も知らず、こういう行為はしないというマナーもない人が、今回のような落とし穴（？）に落ちないためにはどうしたらよいのでしょうか？

結果、男（28）は懲役8月の実刑判決を受けました。少女2人は家裁送致になりました。幾つもの行動が重なり、＜悪ふざけ＞の限界を越えて、強要罪という刑法犯と判断されました。

43　廃棄予定のハードディスク

廃棄予定のハードディスクは財物か？　そうでないか？

２０１９年、神奈川県庁から受託した廃棄予定のハードディスクなどを受託先の会社の社員が、廃棄せず転売しました。その数は総数７８４４個と日経ビジネスで報道されています。

弁護士の見解　このケースは窃盗罪（刑法第２３５条）です。

廃棄予定のハードディスクでも〈財物〉と判断されました。

村尾のコメント　受託先の会社の担当者から見れば、「どうせ廃棄が目的なのだから」という軽い気持ちがあったのでしょうか？　委託先の県庁がお金を払って廃棄を委託する意味を考えなかったと推測します。

このケースは受託先のブロードリンク社の担当社員がＨＤＤの一部を転売し、このうち９個を購入した男性がＨＤＤを復元したところ、神奈川県の公文書と思われるデータを発見して、事態が発覚しました。

44　資産運用会社が預かった資産1458億円を↓85億円に減らした

社長はその20年間にトータルで約14億円の報酬を受け取っておきながら

ＡＩＪ投資顧問という会社名を聞いてどれほどの人がピンとくるでしょうか？　ほとんどの人にとってははるか古い昔のこととして記憶から消えていることでしょう。あるいはそもそもこの会社の起こした事件のことを知らない人のほうが多いかも知れません。

しかしこの会社がしでかした事の被害者となった人は決して名前を忘れることはないでしょう。

ＡＩＪ投資顧問社の 記事は２０１３年12月19日の日本経済新聞に掲載されています。以下引用します。

〈ＡＩＪ投資顧問（東京都中央区）による年金詐取事件で東京地裁は18日社長ら３人に実刑判決を下した。社長に懲役 15年。

２０１２年３月末時点で運用資産は１４５８億円だったが、回収済み（回収できた）は85億円で回収率は約６％。運用失敗により１３００億円以上の消失は確実な状況。企業年金として払い込んだ加入者は見込んでいた年金を受給できない事態に陥っている〉

というケースについて、国会の委員会で当時の浅川社長が証言しているニュース映像データを、

これは＜運用が下手＞という話なのか？

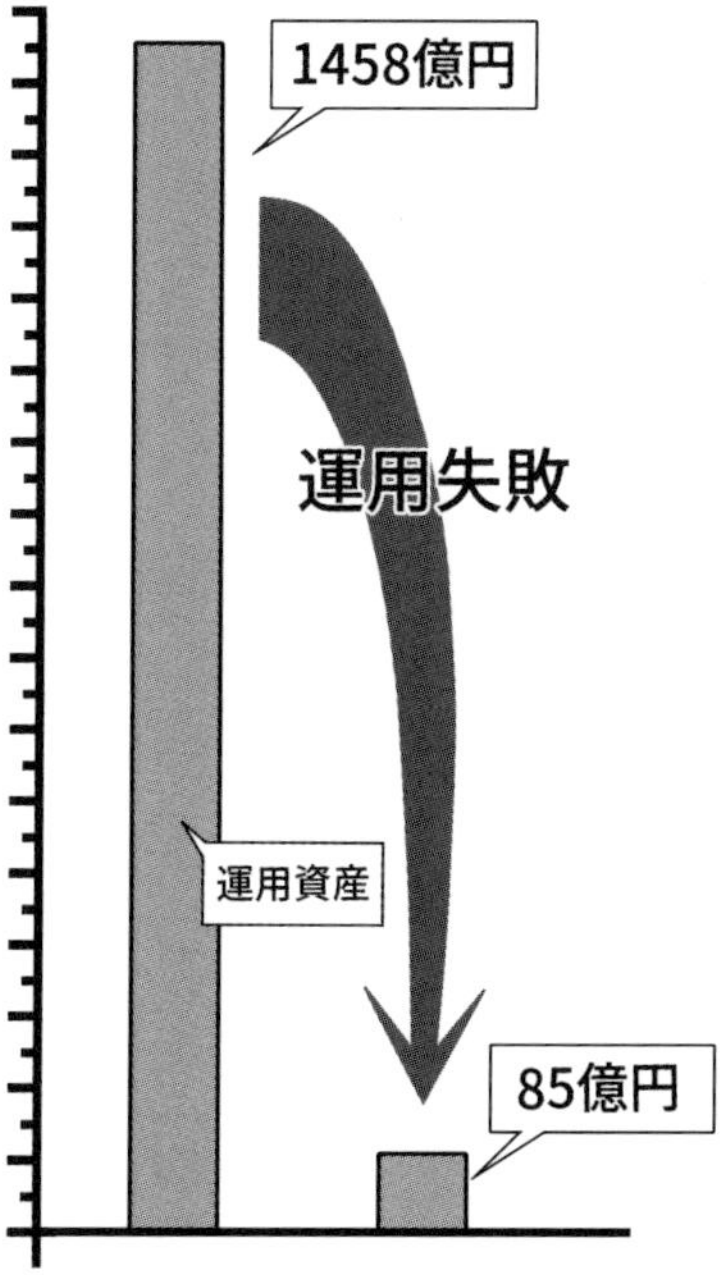

たまたま私は録画して持っています。

弁護士の見解　平成25年、ＡＩＪ投資顧問会社に関連して、同社代表取締役などが詐欺罪（刑法第２４６条）や金融商品取引法違反で起訴され、有罪の実刑判決を受けた事件については、被害額が高額に上ったことから、社会的にも注目されました。

ちなみに、本件では、詐欺罪(法定刑は10年以下の懲役)にとどまらず、金融商品取引法違反（法定刑は10年以下の懲役もしくは１０００万円以下の罰金。併料もある）も犯しているため、懲役15年という重い量刑となりました。

村尾のコメント　このケースは、私は間接的な当事者です。ある事情で某社を退社していたことで、私はこの会社が受託していた企業年金から脱退していましたが、その転社がなければ私もこの事件に巻き込まれていて、私の企業年金部分がほとんどなくなるところでした。

１４００億円↓86億円というファンドの減少の一方で、社長は20年間、年額７０００万円の報酬で計14億円を得ていました。

この事件の被害者である企業年金の加入者に対して、どのような救済がなされたかは不明です。

コラム／法は法を知って、法を使わず

知人であり、私の仲人である忽那寛さんについて、記憶とネット資料でご紹介します。生年１９１２年、没年１９８０年です。海軍兵学校入学↓海軍↓終戦↓司法試験合格↓警察勤務（最高役職　京都府警本部長）↓退官↓弁護士という職歴と推測します。６冊出版されています。

あるとき、忽那さんとの雑談の会話の中で、〈法は法を知って、法を使わず〉というんですよ、と話されました。いわゆる〈法匪〉と言われる人たちと真逆の考え方です。

私は、それ以来40年以上、この言葉とお付き合いしています。

もちろん、〈戦う時は戦う〉という覚悟も必要です。

1　スピード違反

【一般道】スピード違反（速度超過）の反則金（罰金）と点数一覧

超過速度	違反点数	反則金	罰金
15km未満	1点	9,000円	
15～20km未満	1点	12,000円	
20～25km未満	2点	15,000円	
25～30km未満	3点	18,000円	
30～50km未満	6点		最大10万円※6～8万円が相場
50km以上	12点		最大10万円※6～8万円が相場

【高速道路】スピード違反（速度超過）の反則金（罰金）と点数一覧

超過速度	違反点数	反則金	罰金
15km未満	1点	9,000円	
15～20km未満	1点	12,000円	
20～25km未満	2点	15,000円	
25～30km未満	3点	18,000円	
30～35km未満	3点	25,000円	
35～40km未満	3点	35,000円	
40～50km未満	6点		簡易裁判所で罰金決定
50km以上	12点		簡易裁判所で罰金決定

2　人身事故

交通事故の付加点数

被害者の負傷程度	専ら加害者の不注意により事故が発生した場合	相手にも非がある場合
死亡	20点	13点
・治療期間が3か月以上 または ・後遺障害が伴う傷害事故	13点	9点
治療期間が30日以上3か月未満	9点	6点
治療期間が15日以上30日未満	6点	4点
・治療期間が15日未満 または ・建造物の損壊あり	3点	2点

人身事故で受ける刑事処分

負傷の程度	刑罰
死亡	懲役刑7年以下 もしくは禁錮刑
・治療期間が3か月以上 または ・後遺障害あり	懲役刑・禁錮刑 罰金刑50万
治療期間が30日以上3か月未満	罰金刑30万～50万円
治療期間が15日以上30日未満	罰金刑20万～30万円
・治療期間が15日未満 または ・建造物の損壊に係る交通事故	罰金刑12万～30万円

※歩道での事故の場合は情状が悪くなる。

3　あおり運転

運転態様	違反の種別	違反点数など（普通車）
前方の自動車に激しく接近し、もっと速く走るよう挑発する	車間距離不保持違反（道路交通法26条）	一般道：1点 反則金6,000円 5万円以下の罰金（道路交通法120条1項2号）
		高速自動車国道等:2点 反則金9,000円 3ヶ月以下の懲役又は5万円以下の罰金（道路交通法119条1号の4）
危険防止を理由としない、不必要な急ブレーキをかける	急ブレーキ禁止違反（同24条）	2点 反則金7,000円 3ヶ月以下の懲役又は5万円以下の罰金（道路交通法119条1項1号の3）
後方から進行してくる車両等が急ブレーキや急ハンドルで避けなければならないような進路変更を行う	進路変更禁止違反（ 同26条 の2第2項）	1点 反則金6,000円
左側から追い越す	追越しの方法違反（同28条）	2点 反則金9,000円 3ヶ月以下の懲役又は5万円以下の罰金（道路交通法119条1項2号の2）
夜間、他の車両の交通を妨げる目的でハイビームを継続する	減光等義務違反（同52条第2項）	1点 反則金6,000円
執拗にクラクションを鳴らす	警音器使用制限違反（同54条第2項）	なし 反則金3,000円
車体をきわめて接近させる幅寄せを行う	安全運転義務違反（同70条）	2点 反則金9,000円 3ヶ月以下の懲役又は5万円以下の罰金（道路交通法119条1項9号、同条2項）
	初心運転者等保護義務違反（71条第5号の4）	1点 反則金6,000円

4　ストーカー行為

ストーカー規制法で規定されている『つきまとい等』

対象となる行為	具体的な行為の例
つきまとい・待ち伏せ・押し掛け・うろつき等	・尾行や行動先で待ち伏せ行為 ・自宅や職場などに押し掛ける行為
監視していると告げる行為	・行動や服装などをメールで告げる ・見えるように上記内容をSNSに書き込む
面会や交際の要求	・面会や復縁等を求める ・贈物の受取など義務にないことを求める
乱暴な言動	・大声で怒鳴る、乱暴なメールを送る ・不要に自宅前でクラクションを鳴らす
無言電話、連続した電話・ファクシミリ・電子メール・SNS等	・電話をかけて何も告げない ・拒否しても何度も電話・メールをする
汚物の送付	・不快感・嫌悪感を与えるものを送り付ける
名誉を傷つける	・中傷や名誉を傷つけるメールを送る
性的しゅう恥心の侵害	・わいせつな写真を送り付ける ・電話やメールで卑猥な言葉を告げる

刑罰

ストーカー行為	1年以下の懲役又は１００万円以下の罰金
禁止命令に違反したストーカー行為	2年以下の懲役又は２００万円以下の罰金
禁止命令に違反	6ヶ月以下の懲役又は５０万円以下の罰金

5　パワハラのペナルティー

パワハラ防止法には「罰則」がない。 そのため、実効性が薄いという見方もある。
しかし、厚生労働大臣は、労働施策総合推進法の施行に関し必要があると認めるときは、事業主に対して、助言、指導または勧告をすることができる（労働施策総合推進法33条1項)、事業主が勧告に従わない場合には、その旨公表される可能性もある（労働施策総合推進法33条2項)。

６　麻薬及び交通事故ひき逃げ

覚醒剤

	営利目的なし	営利目的
使用・所持・譲渡・譲受	10年以下の懲役	1年以上の有期懲役、又は情状により500万円以下の罰金を併科

大麻

	営利目的なし	営利目的
所持・譲渡・譲受	5年以下の懲役	7年以下の懲役、又は情状により200万円以下の罰金

麻薬及び向精神薬

	営利目的なし	営利目的
ヘロインの所持・譲渡・譲受	10年以下の懲役	1年以上の有期懲役、又は情状により500万円以下の罰金を併科
ヘロイン以外（コカイン・モルヒネ・MDMA等）の所持・譲渡・譲受	7年以下の懲役	1年以上10年以下の懲役、又は情状により300万円以下の罰金を併科
向精神薬の所持・譲渡・譲受	3年以下の懲役	5年以下の懲役、又は情状により100万円以下の罰金を併科

危険ドラッグ（薬事法違反）

	営利目的なし	営利目的
使用・所持・製造・輸入・販売・授与・購入・譲受	3年以下の懲役もしくは300万円以下の罰金又は併科	5年以下の懲役もしくは500万円以下の罰金又は併科

ひき逃げ

人身事故を起こしたにもかかわらず、停止して応急手当や救急車を呼ばず、道路における危険を防止するなど必要な措置を講じなかった場合	道路交通法第117条１項	5年以下の懲役または50万円以下の罰金
自ら被害者を車両等でひいて死亡等させたような場合は、「人の死傷」が「運転者の運転に起因する」ものとして、より重く処断される	道路交通法第117条2項	10年以下の懲役または100万円以下の罰金

コラム／日弁連の交通事故相談センター

私の友人Tさんが、横浜市市内の2車線の道路の歩道側に停車して、電話をかけようとしたところ、後ろから来た乗用車に追突され、追突事故となりました。加害者の車にドライブレコーダーが搭載されていて、責任割合は10：0と認定されました。肩、背中、腰に痛みが出て、整形外科に半年通いましたが治りませんでした。その間、相手方の損保会社が治療費は払ってくれました。事故から半年後に、整形外科の医師から、「これからは治療はするけれど、健康保険でする。そういう決まりだから」と宣言されました。結局、治療は続き、現時点で今も続いています。

そんな折、ある人から事故の慰謝料の解決について、右記　交通事故相談センター　を紹介されました。推薦する理由は、〈そこで、あっせんが成立すれば、慰謝料が裁判基準の約8割をもらえる。何もしなければ、損保会社の〈認定する額の慰謝料〉に決まる〉という話でした。

そこで、Tさんは電話してアポを取り、東京都霞ケ関の日弁連交通事故相談センターに行き、〈斡旋〉をお願いしました。結果、斡旋が成立して、慰謝料を損保会社の当初の提示額より、約100万円多く受け取れました。相談センターおよび担当弁護士への支払いは0円でした。

Tさんが弁護士に、〈何故こういう組織があるのですか?〉と尋ねたところ、あなたは今回の場合〈交通弱者〉です。交通弱者の弁護士費用は国が負担する仕組みです、とのことでした。

東京都の窓口は☎03―3581―1782　です。同様の機能の組織が全国にあります。

ネットでは、☎0120―078325　☎03―3581―4724の番号が出てきます。

第6章　犯罪になりそうだが無罪になったケース・無罪以前になったケース

1　ゴルフ練習場の鉄柱が倒壊した

被害者と和解したが、額は公開せず

２０１９年の台風15号で千葉県、市原市のゴルフ練習場の高さ30ｍの鉄柱13本が倒壊し、近隣の住宅16軒を破壊したケース。住民２人がケガをしました。練習場の女経営者の責任はどうなるでしょうか？

弁護士の見解　これは無罪です。ただし、鉄骨の維持の状況によっては損害賠償の請求の対象になります。

村尾のコメント　私の知人に大手ゴルフ用品のメーカーに勤務していた人がいます。その人の見解では「台風が来る前に練習場のネットを風を受けないよう、巻く義務がある」とのことです。弁護士の見解とは少し異なります。

この件は２０２０年の年末に和解しました。建物関係21人、車両被害関係８人、ネット被害７人、の被害者計36人に対し、練習場側が県弁護士会紛争解決支援センターによる災害ＡＤＲ（裁判外紛争解決手続）を申し立て、和解が成立して決着しました。金額は非公開です。

２　伊藤詩織さんの損害賠償請求事件、山口氏の犯罪の刑事事件部分

検察および検察審査会が嫌疑不十分とすれば無罪

フリージャーナリストの伊藤詩織さん。元ＴＢＳ社員山口氏から強制性交を受けたとし山口氏を訴えました。検察、および検察審査会は山口氏を嫌疑不十分として、起訴猶予処分にしましたが、伊藤さんは民事訴訟の損害賠償請求を提訴し、損害賠償請求で勝訴しました。民事訴訟は、「同意なく性行為に及んだ」として、約３３２万円の賠償を命じた高裁判決が最高裁判所で確定しました。一方で著書に書いた一部を真実と認められないとして、伊藤さんに55万円の賠償を命じました。

弁護士の見解　この件の刑事事件部分が起訴猶予処分で決着したということは、＜無罪以前で決着した＞ことになります。

村尾のコメント　このケースは刑事責任では検察が起訴猶予処分に決まったケースについて、被害者が泣き寝入りをせず、民事訴訟の損害賠償請求を起こし、勝訴したケースです。

伊藤さんは「自らを世間にさらし、勇気を持って加害者を告発した」として、アメリカのＴＩＭ

Ｅ誌の選んだ〈２０２０年　世界で最も影響力のある１００人〉に選ばれました。

3　病気腎臓の腎臓移植

万波医師のケース

病気腎臓の腎臓移植を42例執刀した宇和島徳洲会病院の万波誠医師のケース。14年前当時は〈臓器売買に関与した〉とマスコミにさんざん叩かれました。万波医師のやり方は当時の移植ガイドラインでは定められていない医療でした。

なので、当時は万波医師も反論しませんでした。しかし万波医師の判断の正しさと技術の正しさは執刀を受けた患者さんたちのその後が証明しました。42例の手術はすべて成功。その後のがん発症も1例のみ。２０１８年に病気腎の移植は〈先進医療〉に指定することを条件付きで承認されました。

弁護士の見解　万波医師が臓器移植売買に関与しておらず無罪です。関与していれば有罪です。

村尾のコメント　他に可能性の見えない患者さんにとって、万波医師の〈病気腎臓の移植〉による治療という提案が救いの神に見えたことは想像に難くありません。病気腎といっても生体腎移植の一種ですから、成功してもおかしくはないわけです。反対論の論陣が治療の前進を妨げた1つの例になりました。

4　いわゆるロス疑惑

アメリカ合衆国には、殺人事件の時効はない

三浦和義さんは1981年、1982年に〈新婚旅行中の妻を旅行先のアメリカ合衆国のロスアンゼルスで殺した〉疑惑を持たれました。物証のない事件で、状況証拠のみで裁判は進行し、日本の裁判では無罪となりました。

無罪判決後に三浦和義さんはアメリカ領サイパンに旅行しました。その際に「日本では無罪確定したがアメリカ合衆国では殺人罪に時効は無い」として逮捕されました。理由は現在も不明ですが、三浦さんは収監中に自殺しました。

弁護士の見解　この件は〈証拠不十分〉で日本では無罪で確定しました。

村尾のコメント　じつはこのケースは私にとって個人的にエピソードのあるケースです。この事件が週刊文春などで盛んに報道されていた頃、当時、親しかったOさんという弁護士から私は「実はあの三浦さんの弁護を依頼されているんだよ。受けようと思っているんだ」と話されました。

そこで私が「何故受けるんですか?」と聞きますと、「あの事件は物証がほとんどないんだよ!物証がないケースを有罪に断定するのはおかしいだろ?」と言われました。そこで私は「そうですか。私は週刊誌報道でしかこの事件を知りませんが、私は三浦さんはやっていると思いますよ。Oさんはどうお考えですか?」と尋ねました。Oさんはそのあと、黙っていましたが、結局、このケースの弁護を受けませんでした。

裁判の結果はOさんの見込みの通り　無罪判決でした。

しかし、その後、ご存知の通り、三浦さんはロスアンゼルスで収監中に何故か自殺しました。日本の警察、検察は裁判の継続をあきらめましたが、アメリカの警察は捜査をあきらめなかったケースとなりました。

5　築地市場の駐車違反と公務執行妨害

納得いかなかったので、国家賠償訴訟を起こした

二本松さんのケース。2007年、築地市場の場内での駐車について、築地警察署の署員から〈駐車違反と公務執行妨害〉に問われ、逮捕されました。19日間拘留され起訴猶予に。さらに検事調べでは自白したことを署名。どうしても納得いかなかった二本松さんは国家賠償訴訟を起こします。９年かけた裁判で無罪を勝ち取りました。併せて２４０万円の賠償金を勝ち取りました。

弁護士の見解　この件は＜警察の証言＞の信用性を裁判所が認めなかったケースです。その結果、無罪となりました。

村尾のコメント　このケースを私はＮＨＫの番組＜逆転人生＞で見ました。普段、置いている場所の他の人もみんながやっている駐車が、ある瞬間から地元の警察署から＜公務執行妨害＞の犯人として追い込まれて行くプロセスがリアルに描かれ、見ていてとても怖い番組でした。

普段は頼りにしている警察に、ある瞬間から追い込まれていくという体験をしたケースです。

6　交通事故を起こしたが、統合失調症の症状が悪化した状態にあったために無罪に

交通事故を起こして死者がでても、無罪になるケースがある

２０１５年5月、浜松市の交差点で信号無視した乗用車が交差点に突っ込み、１人が死亡し４人がケガをした事故がありました。東京高裁は「事件当日は加害者は統合失調症の症状が悪化した状態にあった」として無罪を言い渡しました。

弁護士の見解　〈統合失調症の症状が悪化した状態〉の人の犯した犯罪は〈責任能力がない〉として無罪となります。

村尾のコメント　このケースで東京高裁の朝山裁判長は〈被告の行為に一貫性がなく、理解不能な興奮状態にあった。↓心身喪失の状態だった〉と判断し、無罪としました。一般人の感覚からは、やや理解のしにくい結論です。

7　合宿先の風呂場で女性マネージャーの裸体を盗撮

被害者側が訴えなければ無罪

２０１９年、慶応大学のアメリカンフットボール部が無期限で活動を自粛すると発表しました。何があったのでしょうか？　２０１９年夏の合宿で部員（当時）のＸとＹは宿泊先の風呂場にカメラを仕掛け、アメフト部の女性マネージャーの裸体を盗撮。かつその映像を他の部員に拡散しました。宿泊先の旅館のスタッフが隠しカメラを発見してバレました。

弁護士の見解　このケースでは、被害者が処罰を求めなければ、通常、事件化されません。事実、このケースは被害者が事件にしませんでした。しかし、同じ盗撮であっても、かなり悪質極まりないような場合には、被害者の意思如何にかかわらず、犯罪として立件される場合はあり得ます。

村尾のコメント　このケースを被害者である女性マネージャーの側が訴えれば、どういう展開になっていたのでしょうか？　このケースのように〈被害者側が訴えない〉と意思決定すれば、その理由がどうであれ、通常は、〈加害者は無罪確定〉ということになります。

しかし、学内の判断としてクラブ活動の無期限自粛となっては、重いペナルティーでした。ネットで見ると被害者の女性は10人以上という話もあるようです。

なお、アメリカンフットボール部は現在、活動を再開しています

8　万引きしてバレて捕まったけれど無罪に

犯罪の原因が病気と認定されて無罪

神奈川県茅ヶ崎市役所の課長だった中村さんはある日、自宅近くのスーパーでチョコレートなどを万引きし、現行犯逮捕されました。そして市役所を懲戒免職されました。その後、中村さんは〈自分の犯した犯罪は病気が原因だった〉と主張して裁判を起こしました。裁判で〈原因は若年性認知症の一種のピック病（現在はＦＴＤと呼ばれているそうです）である〉と認められ、無罪判決となりました。

弁護士の見解　病気と認定されれば無罪となります。
＜責任能力がない＞と判断されるからです。

村尾のコメント　このように、病気と認定されて、無罪を勝ち取るケースはいくつかあります。

今回のケースのように＜あまり聞きなれない病気名＞で無罪を勝ち取るケースがどれぐらいあるのでしょうか？

ネットではクレプトマニア＝窃盗症という病気もあるようです。年々増加する＜認知症犯罪＞に社会はどう向き合うべきでしょうか？

9　ＧＰＳによる監視はストーカー行為ではない↓無罪

規制する法律がないから無罪

２０２０年、＜ＧＰＳによる監視はストーカー行為ではない＞という最高裁判決が出ました。そうなのでしょうか？　このような裁判では＜元交際相手の車に無断でＧＰＳを取り付けて居場所を知ること＞が、ストーカー規制法が禁じる「見張り」にあたるかどうか？　が争われた２つの事件の上告審の判決です。裁判官５人が全員一致で＜見張りに当たらない＞と判断しました。

長崎県のケースは一審有罪↓二審無罪↓最高裁無罪となりました。

弁護士の見解　罪刑法定主義の原則のもと、〈GPSの取り付けは見張りに当たらない〉と判断した判決は、現時点では妥当と思われます。

村尾のコメント　このケースはテレビ番組で話題になっていました。最高裁判所の立場は、このケースを有罪にしたいのなら、法律でそう決めてください。現在の法律では「このケースを有罪と決めていないので無罪です」ということになるそうです。
　私から見れば違和感のある判断です。

10　ある痴漢裁判の判決のあとで

女子高校生を恨まないでください
　ある大阪の痴漢裁判の判決の後です。「被害を受けたと申告した女子高校生を恨まないようにしてください」と裁判官が無罪判決を言い渡した後で話しました。
　朝の通勤電車の中に「痴漢です！」の声が響きました。Yさん（42歳）は電車内で女子高生に腕を掴まれました。そして、警察隊に現行犯逮捕されました。
　しかし彼は起訴された後も、一貫して無実を主張し続けました。女子高生の供述が二転三転したことで、裁判官は「人違いをした可能性もある」と認定したのです。

弁護士の見解　無罪判決のため、「女子高生を恨まないでください」と裁判官が言ったと思われます。痴漢の事件では、誤認逮捕の結果、無罪となるケースも時々聞きます。満員電車の中などで発生した場合は、確かに捜査が困難を極める場合もあろうかと思います。

村尾のコメント　このケースはともあれ被告が無罪という結末となりました。しかし、痴漢の被害にあって、泣き寝入りしている女性が多数いることも間違いない訳です。また、痴漢の冤罪を嘆く話も時々、聞きます。犯行を行った人の捕まる確率が低いことが背景にあると思います。

11　いわゆる足利事件、菅家さんは服役していたが

一人の主婦が「この人はやっていないんじゃないか？」と思った

足利事件とは、１９９０年、足利市にあるパチンコ店で父親がパチンコ中に、駐車場から４歳の女児が行方不明となり、翌日渡良瀬川の河川敷で死体が発見された事件です。

菅家利和さんは１９９０年足利市で女児が殺害された足利事件の犯人とされ、有罪判決を受けて服役していました。警察は「独身男性で子ども好き」というプロファイリング手法で菅家さんを捜査対象にしました。逮捕の決め手は「女児の下着に付着した体液のＤＮＡ型と菅家さんのＤＮＡ型が一致した」ということでした。

冤罪事件の支援活動などとは無縁の生活を送っていた主婦（西巻　糸子さん）が、ある日、思い立ちました。「この人はやっていないんじゃないか？　幼稚園バスの運転手をする人が幼児を殺すはずがない」誰もが菅家さんを信じなかったとき、そして、菅家さんも戦うことをあきらめていたとき、彼女（西巻さん）だけは菅家さんの無実を信じていました。

１９９０年に起きた〈足利女児殺害事件〉は、約20年後の２００９年5月に菅家さんのＤＮＡ再鑑定結果が認められ、遺留物と菅家さんのＤＮＡが一致しなかったことで

無期懲役の判決確定↓再審請求↓ＤＮＡ再鑑定の要求↓東京高裁が再鑑定を認める↓菅家さんのＤＮＡ再鑑定結果が認められる↓無期懲役囚の刑の執行停止↓釈放となりました。

17年という長い服役の後、再審結果は無罪となり、無罪が確定しました。

国は刑事補償法に基づき、補償金約８０００万円を支払いました。

09年6月、栃木県警の石川本部長が菅家さんに直に謝罪しました。

弁護士の見解　最近の科学技術の発達により、本件のＤＮＡの再鑑定の結果、以前の判決が覆る事案が出てきています。捜査機関としては、より慎重な捜査が求められるところです。

村尾のコメント　このケースはご存知の方も多いと思われます。私の持っている〈週刊現代〉の記事に感動的な文章が載っています。

① 西巻さんという主婦の活動がきっかけで無実の無期懲役囚を救うことができた。
② 菅家さんは性格の弱い人で、司法に対抗する手段もなく、服役している状況を諦めていた。
③ 西巻さんを中心としたグループの活動がDNAによる再鑑定とその鑑定結果の判明→無罪確定につながった。↓その後のDNA鑑定の利用の一般化に繫がった。
④ 一方、真犯人は逃げたまま。

という結果となりました。

コラム／疑問文の力

一応　タイトルは書かず、ある映画と表記します。2008年のスペイン映画です。興味があったら検索してみてください。

この映画の冒頭で、主人公の若い女性が彼女の祖母に問いかけます。「おばあさんはどうしておじいさんと結婚したの？」。その会話の中で、おばあさんが若い女性にアドバイスします。「忠告するわね。いい？　自分の疑問や悩みを書き留めなさい。ただし、疑問文でね。客観的になれるわよ。若い頃、私も書き出していたわ」

この映画のこのシーンが印象に残り、以降、私はニュースを見たり、人との会話で疑問を感じたり、何かを自分で見て疑問を感じたら、〈疑問文〉で残すようにしています。

今回の本は、これまでに貯めた私の感じた疑問への回答集でもあるのです。

第7章　進行中のケース・犯罪となるかならないか微妙なケース

1　薬を変えたら、死んでもおかしくない重い病気を発病した

無症候性脳梗塞の薬としてリバデールを処方された

Tさんは50歳になる直前に脳神経外科で無症候性脳梗塞と診断され、プレタールという〈血をサラサラにする薬〉を処方され10年以上も服用してきました。あるとき勤務していた施設の上司で元看護師の方に「その薬は強すぎます。もっと弱い薬にすべきでは？」とアドバイスされました。

そこでかかりつけ内科医のNさんに相談したところ「もっと軽いけど同じ目的が果たせる薬がありますよ」としてリバデール（ＤＨＡ薬）という薬を処方されました。

しかし、結果的にはリバデールはTさんの症状に対しては効き目が小さすぎたようです。薬を変えて約4か月後、突如としてTさんは心筋梗塞が発症しました。日曜日の夜に受け入れてくれた病院では、当直の医師は「あなたの症状は心筋梗塞直前です」と宣言し、心臓冠動脈の機能回復のための心臓カテーテル挿入・ステント留置手術を即座にしました。手術は成功し、Tさんは一命をとりとめました。

そのとき手術をしてくれた先生から「貴方は4か月間、血をサラサラにする薬を服用していなかったと同じなんですよ」と言われました。

リバデール服用をすすめて、Tさんに結果的には心筋梗塞の発症に至らせてしまったN医師の責

任はないのでしょうか？

弁護士の見解　これは＜予見可能性＞がテーマです。この医師にこの結果を予見できる可能性はあったのでしょうか？　もし、あったとすれば、過失致傷罪（刑法第２３０条）の可能性はあります。

村尾のコメント　このケースは私の知人のケースです。結果的に＜命を失うこと＞になりかねないケースでした。今回のTさんは命を取り留めることができましたが、類似のパターンで人知れず亡くなって行かれた人も多いパターンと推測します。

Tさんは当日立ち会ってくれたもう1人の医師から「この病気で亡くなった人の65％は、病院に着く前に亡くなっているんですよ。一方で、生きて病院に来れた人は95％の人が助かっています」と言われました。

サッカー選手だった松田選手の急死が思い出されますが、循環器系の病気の対処の個別の成功、失敗の差の大きさを実感しました。なお、Tさんは今も元気です。

実はTさんは、この発作の前、あるテレビ番組で「体の不調を感じたら、まず心臓病を心配しなさい。心臓が大丈夫なら、呼吸器を心配しなさい。消化器はその後でいいです。その順番に急ぐはずだから」と聞いてました。そのアドバイスどおりに行動したら、偶然か、必然か、正解でした。

2　出会いがしらの2台の車両事故。どちらが優先道路？

6mと4mでは片方を優先道路と認定する差ではない

Mさんはあるゴルフコンペの帰りに、女性の運転する車と出会い頭にぶつかりました。当然、状況確認を受けるために警察を呼びました。Mさんとしては「ゴルフ場へのアプローチ道路が優先道路だろう」と主張しましたが、警察に「その交差点の2つの道に優劣関係はない」と否定されました。こういったケースはどう理解したらよいのでしょうか？

弁護士の見解　このケースは当事者に怪我が

出会いがしら事故を避けるためには、文字通りの徐行しかない

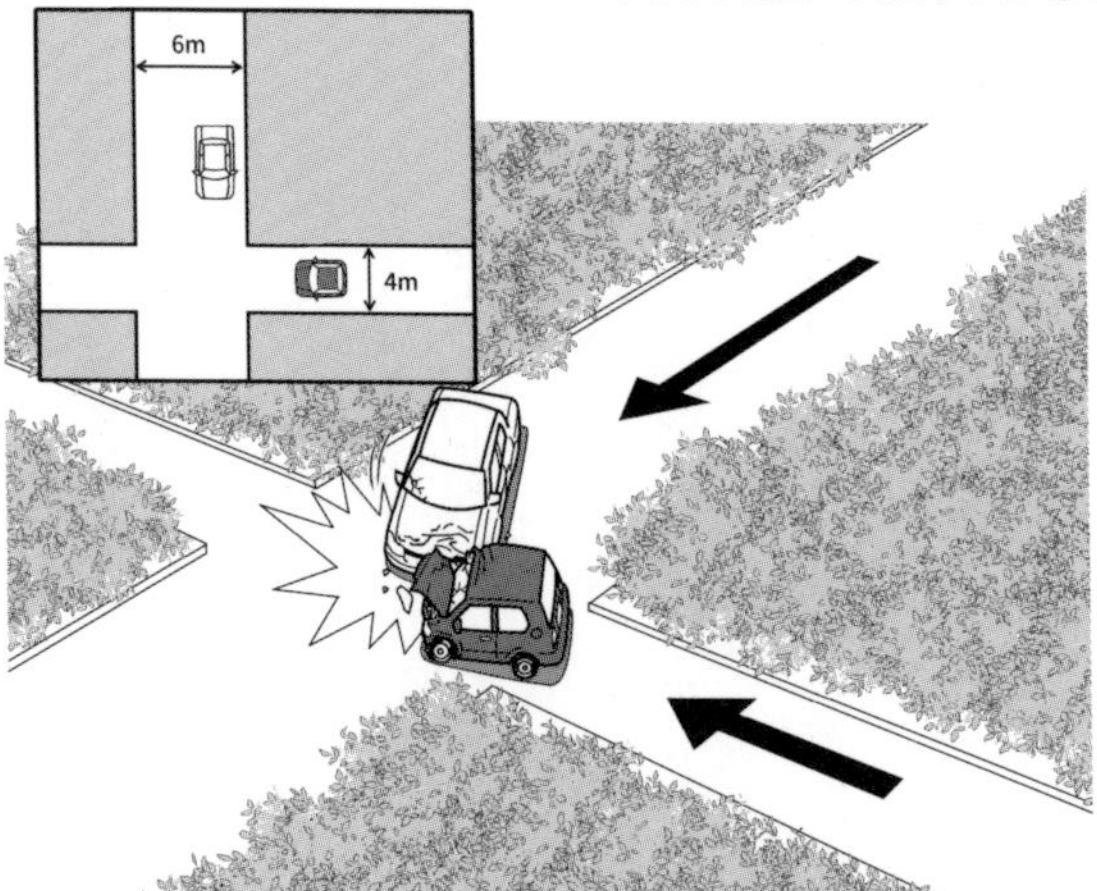

あったかどうかで罪名が異なります。
怪我があれば業務上過失傷害罪（刑法第２１１条）になります。怪我がなければ、犯罪にはなりません。怪我があったか、なかったか、で結論は変わります。

村尾のコメント　このケースも私の知人のケースです。結果的にどちらにも怪我はなかったケースと記憶しています。実は交差した２つの道には一見してわかる明確な太さの差がありました。片方の太さが６ｍ、もう片方の太さが４ｍでした。見比べればその差は歴然としていました。
しかし、その太さの差は警察から見て、＜片方を優先道路と認定する差＞ではなかったそうです。Ｍさんは「そうですか」と従うほかありませんでした。

３　信号待ちしていたら、後ろの車の知人（勤務先の社長）にわざとぶつけられた

機嫌よく、じゃれてブツケて来た社長
Ｏさんは当時、中堅企業の課長さんでした。ゴルフコンペの帰り、車を運転していました。赤信号で停車していると後ろの車が軽くだがゴツン、ゴツンとぶつけてきました。びっくりして後ろをバックミラー越しにドライバーの顔を見ると、勤めている会社の社長が運転席からニコニコしなが

らこちらを見ていました。わざとぶつけていたのです。

弁護士の見解　このケースを〈悪いものは悪い〉と判断したら、事件として成立します。

①　〈むち打ち症〉が起きたら傷害罪（刑法第２０４条）になります。

②　怪我がないケースは、民事で損害賠償を請求できます。

村尾のコメント　このケースはOさんご本人からエピソードをお聞きしました。昔（１９７０年代）は車のバンパーは強化ゴムでした。現在のように金属や強化プラスチックでバンパーができている時代には考えられないエピソードです。

ちなみにその社長が運転していた車は高級外車として有名だったキャディラック　エルドラード（排気量　５０００cc）でした。押すパワーもかなり大きかったと推定します。

4　東京電力福島第一原子力発電所の地震対策

東北電力は女川原子力発電所、茨城県日本原電と同様の工事を何故しなかったのか？

２０１１年東日本大震災のときに、東京電力福島第一原子力発電所の津波対策が不充分だったことについてです。日本全体に対して、10兆円単位の負担をもたらしました。

検察は不起訴にしましたが、検察審査会が起訴しました。現在進行形ですが、この話はどう考えればよく、どう展開していくのでしょうか？　これから随分時間がかかりそうですが。

弁護士の見解　このケースは現在、公判中であり、結果は未定です。

検察審査会が起訴した罪名は〈業務上過失致死傷罪（刑法第２１１条）〉です。

村尾のコメント　この事件は成人の日本人なら、誰でも知っている事件です。

あまり話題にはなっていませんが、東日本大震災のときに一番震源に近い所にあった原子力発電所は福島の原子力発電所ではなく、東北電力の宮城県石巻市に隣接する女川町の女川原子力発電所です。女川原子力発電所は想定する津波の高さを当時の最新の知見を基に、約14・８ｍに設定していました。そこで原子炉を冷やすための海水ポンプを14・８ｍの津波に対応できる高いところに移設工事をしてありました。また、設備について約６、６００箇所の耐震工事をしてありました。その結果、震災時に

①　震災時、原子炉を自動停止させました。

②　燃料の冷却機能を確保しました。

③　放射能物質を閉じ込めるべき場所に閉じ込め続けました。

（東北電力のホームページから）

ただし、その改修工事を声高にアピールすることは「原子力発電所の安全神話を損なう」との理由から行われなかったそうです。そこに何らかの圧力があったかどうかについては私はコメントする立場にありません。

↓結果として、女川原子力発電所の原子炉の致命的な損傷はありませんでした。

また、茨城県の日本原電、東海第二原発も大震災の3年前に巨大津波への対策を行い、被害を免れていたことが２０１８年7月、東京電力事件の第23回公判での日本原電の元社員の証言で明らかになりました。

一方で、東京電力にも同様の工事の提案がありましたが、それを営業的売り込みと判断し、会議の結果、その必要性を認めず、起こりうる津波の設定を変更しませんでした。

その結果、東京電力は当時の工事費用としては約３００億円を節約しました。

その代償として、東京電力および日本国はいくら支払うことになるのでしょうか？　既に21兆円の試算が２０１６年に示されていますが、これからどこまで積みあがるのでしょうか？

その最終責任は決定権のあった、当時の勝俣会長などの経営陣が負うべきでしょうが、裁判では＜東京電力の中にはっきりした意思決定ルールがなかった。↓経営陣の1人ひとりに自分がプロジェクトを止めたその結果、結果的に起きた事故の責任を負うという認識もなかった＞ということがはっきりして来ています。

その結果、起きたことは皆さんご存知の通りです。

なお、東京電力社内では、津波の起きる1か月前には〈津波対策を行う〉という意思決定がされたそうです。↓残念ながら、その決定は遅すぎましたが。

２０２２年、東京地裁判決で、東京電力旧経営陣４人に対して、原発事故で13兆円の賠償命令が出ました。

5　笹子トンネルの天井板が落下して通常走行中の車に当たり死者が出た

裁判で会社の責任は認め、役員の責任は認めなかった

２０１２年12月、中央道笹子トンネルの天井板が約１３０ｍの幅で落下し、走行中の12人が死傷した事故が起きました。高速道路を通常に走行していた車にトンネルの天井板が落ちてきて車を破壊しました。９人が死亡し３人が重軽傷を負いました。

遺族は社長ら４人に責任があるとして裁判を起こしたが敗訴（最高裁判決）しました。

一方で別の裁判で、横浜地裁は中日本高速道路株式会社と子会社の責任は認め、計4億４０００万円の支払いを命じました。↓この判決は会社側が過失を認め確定しました。

弁護士の見解　このケースは判決が確定しました。刑事では業務上過失致死傷罪（刑法第２１１条）

について、争われましたが、全員が無罪となりました。民事では命じられた金額を会社が支払いました。

村尾のコメント　この事故は高速道路の事故として、死亡者数としては多いほうの事故です。

被害者側から見れば、通常に道路を走っていて出会い頭のように被害にあったケースです。高速道路という社会インフラの維持、管理に誰が責任を負うか？　を改めて考えるキッカケとなりました。

6　スルガ銀行の強引な貸付と不正な資料作成

業務の一部停止を命じられた銀行（上場企業）

このニュースはスルガ銀行の元幹部の荻野周一氏が２０１８年に週刊フライデーに実名を出し、顔出しもして、告発しています。スルガ銀行では、①資料改ざん、②不正融資の横行が発覚し、金融庁は業務の一部停止を命令しました。

弁護士の見解　資料改ざんや不正融資により、銀行に損害が発生した場合には、特別背任罪（会社法９６０条）、ないしは背任罪（刑法第２４７条）に当たり得ます。

①契約自体が無効、②説明義務違反、③損害賠償請求、が各問題となります。

村尾のコメント　このようなことが上場企業である銀行で行われていたことが驚きです。なお、静岡銀行は本店が静岡市、スルガ銀行は本店が沼津市です。

以前、私は静岡県内の中小企業経営者の友人から、静岡銀行とスルガ銀行に関する噂として、「静岡銀行は通称シブ銀、スルガ銀行はズル銀というんですよ」と聞いたことがあります。当時は軽い語呂合わせの噂と聞き流しましたが、この２行の体質の差は大差があるようです。

7　クラスメイト全員に無視されるいじめにあった

いじめの犯罪としての構成要件とは？

弁護士の菅野朋子さん「小‐中‐高エスカレーター式の女子校で〈全員に無視される〉いじめにあった」と２０１９年６月のインタビューで語っています。今でもその学校の前を通るとその当時を思い出してしまうそうです。

なお、菅野さんは37歳で５回目のチャレンジで司法試験に合格しました。

弁護士の見解　「全員に無視される」は「犯罪の構成要件」にはなりません。次の行為が確認されれば犯罪の構成要件となります。

① ＜どつく＞行為があれば暴行（刑法第２０８条）になります。

② ＜脅迫＞があれば脅迫罪（刑法第２２２条）、＜侮辱＞が有れば侮辱罪（刑法第２３１条）が成立します。

村尾のコメント　この記事は産経新聞のインタビュー記事で偶然、目にしました。テレビの画面からは性格は強そうに見え、理路整然と話す菅野さん。インタビューでは全く違う一面を見ました。今、弁護士としていじめの相談も受けているそうです

8　首里城本殿火災の犯人は誰か？

燃えてしまえば証拠はない

２０１９年10月に沖縄県の首里城が火災により本殿が全焼しました。県警による捜査が行われましたが、原因不明として捜査が終了しました。当時、お城は改修工事が行われていて、工事用の延長コードによる配線が行われていました。そこで、その延長コードの過熱が原因ではと疑われています。延長コードは市消防局によると通電状態にあり、溶けて30個以上のコマ切れになった状態で見つかりました。

弁護士の見解　＜過熱が原因＞と科学的に立証されれば、かつ、その原因をつくり出した人が特定されれば、＜失火罪＞（刑法第116条）となる可能性はあります。そうでなければ、犯罪は成立しません。

村尾のコメント　このニュースは＜日本の誇る世界遺産の焼失＞ということで日本全体に大きな衝撃を与えました。結論は誰も責任を問われない＜事件性なし＞というものだそうです。その理由は①68台の防犯カメラの精査と、警備員の取り調べの結果、放火の可能性はないと断定した。②火災の原因を特定できなかった。何故なら客観的な証拠の多くが燃えてしまったから。要は＜証拠はすべて燃えてしまったから＞で幕引きの気がします。

9　日常的に道路にはみ出した駐車

＜可罰的違法性＞という概念がある

Jさんの会社は会社の駐車場に日産キャラバンを駐車しています。目の前の住宅に住む住民が「車を道路にはみ出して駐車しているのはおかしい！」と何回も、100回以上も警察に通報しています。実ははみ出しているのは10㎝程なのですが。もちろん、はみ出さない方法はあるのですが、道路に直角に停めるとはみ出すのです。

弁護士の見解　道路交通法違反が考えられますが、10㎝程度の違反の場合、「可罰的違法性がないのではないか？」が問題となり得ます。しかし、10㎝程の違反であっても、そのことが原因で事故が生じる可能性がある訳ですから、違反の解消に努めるべきだと思います。

村尾のコメント　いきさつは知人から直接聞いたケースです。皆さんのお宅が一戸建てだと、このように少し道路にはみ出して車を駐車するケースは、結構多いのではないでしょうか？

しかしこのケースも誰かにキチンと問題提起されると、意外としつこいテーマが潜んでいるようです。現役の警察官に聞く機会がありましたが、10㎝でも出ている状況で通報があると、警察はその都度対応せざるを得ないそうです。

すなわち、このテーマは
①　10㎝はみ出て駐車していても、警察は駐車違反にはしないと内規で決めている。
その一方で、
②　10㎝はみ出て警察に通報がある、とパトカーを出して、通報者の要望に対応して合法状態に戻すように違反者を指導するという内規のようです。
以上の状況のようでかなり微妙なケースのようです。

この会社は結局、キャラバン・ハイエースの駐車方法を変えることで問題を解決しました。通報も現在はすっかりなくなりました。

10　横断歩道を渡ろうとしている歩行者への車の停車義務の県別格差

停車義務はある、違反を繰り返して摘発されると免停まで行く

２０２０年10月の読売新聞の報道です。

道路交通法では、横断歩道を渡ろうとしている歩行者に対して車は停車して横断を待つ義務があります。しかし、止まる車の比率は日本全国の各県で、大きな開きがあるそうです。

Worst　１位宮城県５・７％、２位東京都６・６％、３位岡山県７・１％、４位富山県10・７％、５位徳島県11・８％

Best　１位長野県　72・４％、２位兵庫県57・１％、３位静岡県54・１％、４位新潟県49・４％、５位島根県43・２％

調査方法はＪＡＦが一定の条件でピックアップして調査しているそうです。あまりの落差に絶句します。よいほうの１位の長野県は際立っていますね！　どのような理由があるでしょうか？　第３位の静岡県は個人的感想ですが、おっとりした人柄が多い気がします。

悪いほうの３県は極端に悪いですね！　言葉が見つかりません。２位東京は、大都会ということでなんとなくわかりますが、１位宮城県、３位岡山県はどういう理由でしょうか？

弁護士の見解　違反すると、道路交通法の〈横断歩行者妨害〉に問われ、違反点数2点と道路交通法上の罰則（3月以下の懲役または5万円以下の罰金）が科されます。

村尾のコメント　信号のない横断歩道で、歩行者が横断歩道を渡ろうとした場合、運転手に一時停止が義務づけられています。私の知人のOさんはこの違反を繰り返し、かつ、それを6回以上パトカーに見つけられ、一旦、免許停止処分になったそうです。

実は現在の私はこの点に関しては成績のいいほうだと自覚しています。Oさんのエピソードを聞いたいきさつもありますが。横断歩道で老人、ママチャリに乗った親子連れのママ、小学生の子供たちが横断しようと待っているとき、当方が停止して、手で合図するか、ライトで合図します。

その歩行者がいろいろな形で会釈して横断していく姿を見るのは、こちらは当然なことをしているだけなのに、何故か気持ちがホッコリします。

11 「私はストーカーなんでしょうか？」

ストーカー行為をしようとする意志

Zさんは、電車でよく見かける若い女性がよく痴漢に迫られているのを見て、勝手にボディーガードを買って出ていました。定年になっても、その女性が気になり、以前と同じ電車に乗っていました。

あるときから、その女性が何かを感じ、車両を変えたり、時間を変えたりしはじめました。Ｚさんは、何とかそれを追いかけていると、あるときストーカーとして逮捕されました。迷惑なことをしているとは思いませんでした。私はストーカーなんでしょうか？

弁護士の見解　ストーカー行為の規制等に関する法律違反が考えられますが、ストーカーとしての故意はありませんから、ストーカーに関する犯罪は成立しません。

外形的にストーカーに見えても、ストーカー行為をするという故意がない以上、犯罪は成立しないのです。

村尾のコメント　Ｚさんが被害に会いそうになった女性を見かけて、助けたくなった気持ちはよくわかります。冷静に考えれば、助けることのリスクもあったはずです。

女性の立場から推測すると、どこかでＺさんの存在を気づいたと推測します。痴漢ではない、普通のストーカーではない何か薄気味悪いものと感じて、警察に届けたと推測します。

このケースはいつ、Ｚさんの思いの質が変わったのか？　変わっていないのか？　自分で自分の変化が自覚できていないケースかもしれません。

12　胸ポケットに入れたスマホで同僚の女性教師を盗撮した

同僚女性教師への性的興味で撮影

神奈川県川崎市の教員のAは「胸ポケットに入れたスマホで同僚の女性教師を盗撮した」として、懲戒免職処分されました。

撮影された女性教師が「何かおかしい？」と校長に相談して、事件が発覚しました。同教師は性的な興味で撮影したことを認め、謝罪しました。同教師は4人の女性教師に対して、少なくとも10回の盗撮を行ったということです。同教師は懲戒免職されました。

弁護士の見解　服の上からの盗撮であれば、刑法の犯罪は成立しません。

村尾のコメント　なかなか、興味深いケースです。弁護士の見解にあるように、わかりやすい犯罪行為は発生していません。そもそも、女性教師が何を感じて、「何かおかしい？」と思ったのでしょうか？

また、加害者は性的な興味で具体的には何を撮影したのでしょうか？　どこを踏み越えると犯罪になるのでしょうか？

13　名張毒ブドウ酒事件とは

最高裁判事が、有罪判決、無罪判決、どちらも残している珍しいケース

名張毒ブドウ酒事件をご存知でしょうか？　私はたまたま、テレビの衛星放送の番組で事件を知りました。事件の概要は次の通りです。

１９６１年、三重県名張市葛尾（くずお）地区の公民館で起きた大量殺人事件です。酒席で振舞われたブドウ酒を飲んだ女性17人が集団中毒して、そのうち５人が死亡しました。

弁護士の見解　５人が死亡していますから、量刑として死刑はやむを得ないと思われます。

しかし、この事件は簡単ではなく、有罪か？　無罪か？　が鋭く対立した事件でした。その意味で裁判の難しさが如実に出ている事件といえます。

村尾のコメント　奥西勝という人が犯人とされ、死刑判決を受けています（死刑執行前に獄死）。日本弁護士連合会は現在も奥西さんは無実として、遺族の再審請求を支援しています。

真実がどちらにあるかはわかりません。最高裁の判事が有罪判決、無罪判決、どちらも残している珍しいケースです。また、どちらの判決を出した判事もテレビのインタビューに応えています。

その点も異例です。

14　紀州のドンファンと呼ばれた人が殺害された事件

シロート的には元妻がやったとしか思えないけれど

紀州のドンファンと呼ばれた和歌山県田辺市の野崎幸助さんが2018年5月に殺害された件で、元妻の須藤早貴容疑者が事件から3年を経て逮捕、送検されました。野崎さんの急性覚醒剤中毒による変死から3年経過して事件は急展開しました。この事件は今後、どのように展開して行くのでしょうか?

弁護士の見解　まだ判決は出ていませんが、殺人罪（刑法第199条）の成立が考えられます。量刑は事件の計画性などからして、懲役10年ぐらいになると思われます。

村尾のコメント　この事件は、似たパターンの事件と同様に具体的な物証に乏しい事件です。検察側にどんな証拠があるのか?　今後の展開が注目される事件です。

東京スポーツの記事では、地元民のうわさで「田辺市は、野崎さんが『遺産を市に寄付する』と言っていたのを当て込んどるらしい」との話を紹介しています。

事件から5年経ち、容疑者は逮捕され、起訴もされている。しかし、事件の公判はまだ始まっていません

15　オプジーボの特許使用料

何故か40分の1の支払額が提示されたが？

ガン免疫治療薬〈オプジーボ〉の特許使用料をめぐり、2018年、ノーベル医学・生理学賞を受賞した京都大学特別教授の本庶佑が製造発売元の小野薬品工業に対し、226億円の支払いを求めて2020年6月、大阪地裁に提訴しました。オプジーボは本庶氏らが発見した研究成果をもとに小野薬品が実用化した薬です。

両者は共同で特許を出願し、2006年に同社が特許を独占的に使い、本庶氏は対価を得る契約を結びました。

オプジーボは肺がんなどに保険適用が拡大され、現在では、世界65か国以上で承認されています。

その後、オプジーボに似た薬を販売する米国製薬大手メルクに対して、小野薬品と米国でオプジーボを販売するブリストル・マイヤーズスクイブ（BMS）が特許侵害訴訟を起こしました。

その際に本庶氏も訴訟に協力しました。

本庶氏側によると、

①　小野薬品は訴訟に協力する本庶氏に対して、協力の見返りとして＜小野薬品とＢＭＳがメルクから受け取る金額の40％を支払う＞と伝達しました。

②　その後、２０１７年１月、メルク側が約７１０億円を小野薬品側に支払うことで和解が成立しました。

③　その後、小野薬品は何故か、本庶氏に支払うのは０．25％だと通知してきました。↓当初の約束の40分の１ということになります。

本庶氏は小野薬品のことを「企業がアカデミアの（法的）無知を悪用している」として、提訴に踏み切りました。

このケースは、２０２１年11月、急転直下、和解が成立しました。和解内容は、次のとおりです。

①　小野薬品は本庶氏に解決金などとして50億円を支払う。

②　京都大学に新たに設立する＜小野薬品、本庶　記念研究基金＞に２３０億円を寄付する。

③　特許使用料の支払割合は２００６年の契約書の１％を維持する。

弁護士の見解

小野薬品は、最初から本庶氏を騙すつもりはなかったでしょうから、詐欺罪（刑法第２４６条）の成立は難しいです。

しかし、小野薬品が仮に、本庶氏の言われるように＜アカデミアの（法的無知）を悪用した＞と疑われる行為をしたとすれば、社会的非難を受ける可能性はあります。

いずれにせよ、このようなトラブルを避けるため、弁護士にリーガルチェックを受けるなどして、きちんとした契約書を作成しておくことが肝要です。

村尾のコメント　この話の記事を読んで、青色ダイオード裁判を思い出しました。この２つの裁判の比較を行うことがこの項の目的ではありませんので割愛しますが、

本庶教授の言い分を単純計算すると、小野薬品の通知は、「２８０億円もらえるはずが、小野薬品が７億円しかよこさない」ということになります。ノーベル賞受賞者が巻き込まれたこのトラブルの行方を注視して来ました。本庶氏側が主張する〈きわめて詐欺的な内容の契約〉の中身も気になるところです。

ところが、この件は２０２１年11月に急転直下、大阪地裁で和解が成立し、全面解決しました。和解の内容は、次の通りです。

① 小野薬品側が本庶氏に解決金の名目で50億円を支払う。
② 京都大学に設立される〈小野薬品、本庶　記念研究基金〉に２３０億円を寄付する。
③ 今回、小野薬品は計２８０億円を支払うが、配分割合は平成18年に結んだ契約通りとする。
④ 今後も小野薬品側が外部から特許使用料を得た場合、その１％分を発明の対価として本庶氏に支払う。

急転直下　和解に至った

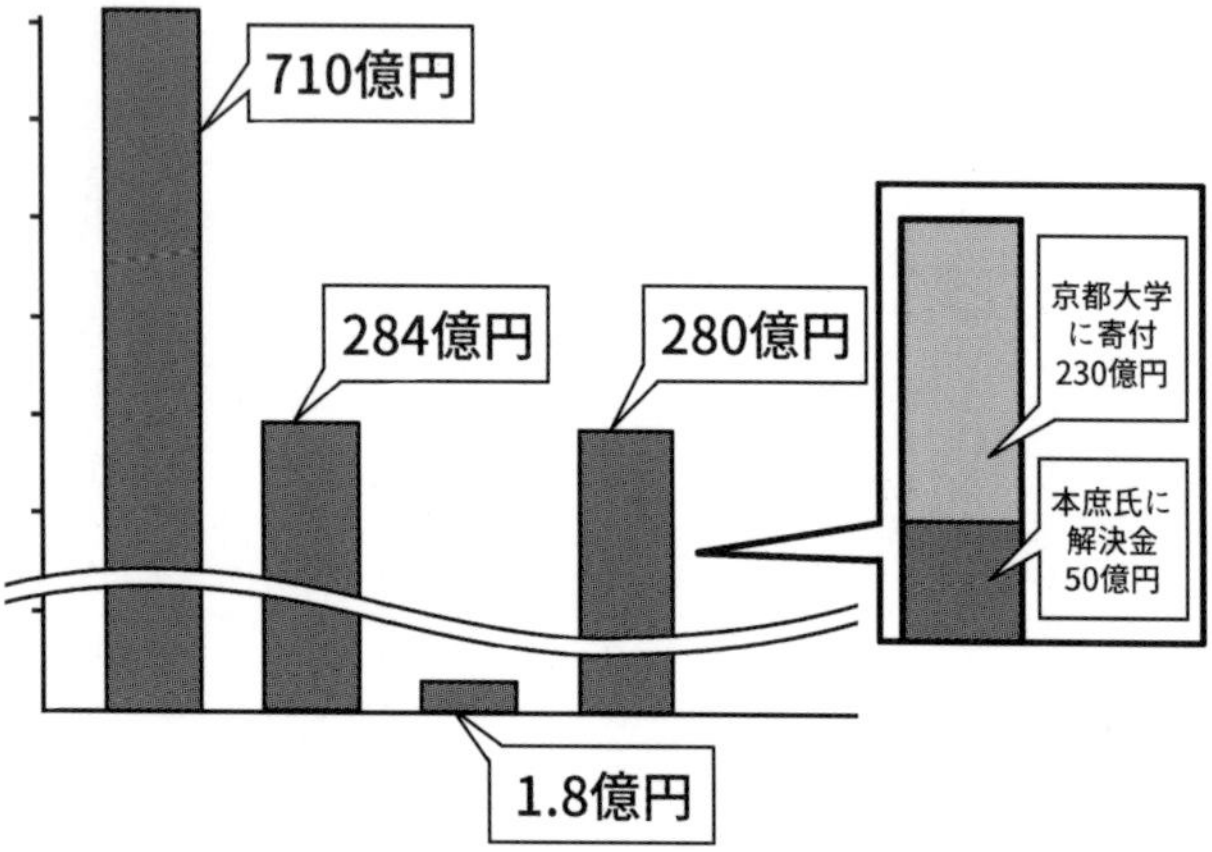

本庶氏は「納得できる内容の解決に至ることができた。企業から還流される資金で基礎研究を支援したい」とのコメントを出しました。

コラム／囲碁会の魅力

私は、囲碁を中学生の頃に父親と少しやり、それ以来、約40年ノータッチでした。60才ごろに友人に誘われ再開しましたが、疲れそうで気乗りしませんでした。たまたま参加した会で当初から何回か勝率がよく、勝てば嬉しく現在まで続いています。その後私が幹事の会が月に2回に増え1か月のリズムとなっています。外からはわかりにくいですが、①黒石（先番）の時、②白石（後番）の時、③私が石を置く時（ハンディを貰う）、4石を置かせる時（ハンディをあげる）で全くゲームが変わり、相手の打つ意外な手に毎回苦しみながら楽しんでいます。

コラム／〈民法改正〉鎌田　薫氏（前早稲田大学総長　現国立公文書館館長）の最終講義から――

鎌田さんは学生時代の友人です。機会があり、最終講義を大隈講堂で聞くことができました。鎌田さんは、この本のテーマの刑法ではなく、民法の専門家です。司会の紹介で〈早稲田の歴史に残る早稲田人〉と讃えられました。以下、私に理解できた講義のポイントを簡潔にまとめてみます。

1　パワーポイント1枚目〈漫画　学生　島　耕作〉機動隊がガードする早稲田キャンパス
漫画家の弘兼憲史さんとは早稲田大学、同年入学、同学部です。

2　立法準備で、いろいろな法律に関わった。民法改正の債権部門の中心メンバー。

3　民法改正を120年ぶりに行った。そのプロセスで全国から500の論点がピックアップされた。↓法律を通すために200テーマに絞った。↓300テーマ積み残した。

4　今なぜ民法改正か？　1）もともとの民法は不動産のような特定物が対象。
2）この120年の間に〈大量生産、大量消費、サービス化、情報化〉が起きている。
3）国境を越える取引も増大した↓〈他の国ではそれがどう取り扱われるか？〉も重要。
4）判例、法定外ルールも膨大になっている。　5）　取り引き原理の国際的な調和も必要。
6）　法定利率を5％↓3％に。低金利の恒常化に対応など、主に13項目。

5　民法改正は今後も100年単位で必要になる。6　国民一般のわかりやすい法律にした。

7　経済の変化に今後も法律が対応する必要がある。

概略、以上です。民法の講義でしたが、刑法も同様のテーマがあるはずで、急がれると感じました。

コラム／菅直人元首相と福島第一原発

私の親友の1人のTさんは、福島県いわき市出身で現在もいわき市在住です。彼は大学時代に東京の大学に在学し、私とはその時代からの付き合いです。彼はある時、「自分は菅元首相に感謝している」と話していました。話の内容は概略、次の通りです。

①あの東日本大震災の時に、当然いわき市および周辺は電気も、ガスも、水道も止まりました。

②その中で、東電は「危険だから福島原発から全員を撤退させる」と官邸に言ってきました。

③当時、アメリカ政府はトモダチ作戦の一方で、〈東京以北の日本は全地域で住めなくなる〉と、東北在住の自国民を、東京以南への脱出を指示する事も検討していました。

④菅元首相は、当時の東電トップと話してもその下と話しても話が通じないと感じ、直接、福島原発に自身でヘリで乗り込みました。→これも当時マスコミに現場の邪魔をしたと批判されました。後に菅元首相は「水素爆発が起きていることを知らなかったから行けた」と話しています。

⑤現地で東電の吉田所長と出会い、「この人なら信頼できる」とホットラインをつくりました。

⑥結果、東電の現地部隊は福島原発にとどまり、協力会社を含む作業チームを作成して、その時点時点のベストを尽くした結果、アメリカが一時危惧した事態にはなりませんでした。

現状は今もひどいけれど、現在の程度で済んだのは、当時の菅元首相の現場へ来た動きと、その結果動くこととなった吉田所長とその部下と、依頼を受けた業者の頑張りで、現状に至る状況をつくり上げたと彼は理解しています。私もあのとき東電が撤退していたら、と思うとゾッとします。

おわりに

村尾　遼平

本書を最後まで読んでいただき、ありがとうございました。全部のページに目を通して頂いた方は、きっと、あなたの今後の行動のスタンス、法律リテラシーのヒントにしていただけるページが幾つかあったことと推察致します。とりも直さず、私自身も本書の事例を集めて、高橋弁護士と何日も個別事例を会話する中で、幾つものヒントをいただきました。

お気づきかも知れませんが、＜私の知人＞のケースはすべて、実際にあった実例で、直面した当事者はその問題の解決に向けて苦労するか、あるいは単純に被害者となりました。ご本人にさしさわりのないようにイニシアルで表示して、かつ、そのイニシアルも実際の名前と変えています。＜こういう事例があったら？＞という高橋先生への問いかけツールとお考え下さい。そして、その＜私の知人＞のケースのうち、約10ケースは実は知人は私自身です。なので、本書の一部は私自身が解決すべきテーマを解決した記録でもあります。

今回は幾つかの偶然から本書の出版が可能となりました。このようなあまり例のない本を出版して下さったセルバ出版の森社長様、皆様、本当にありがとうございます。そして、セルバ出版様へのアプローチを繋いで頂いた出版プロデューサー小山睦男様にもお礼申し上げます。なお、小山様の面識を得るのにさらに2人必要でした。道の開き方に不思議なご縁を実感しています。

本の作成にあたり、柴田　瞭さん、次女の枝里子さん、中岡　統郷さん、田口　一紀さん、イラストレーターの狩那　匠さんのサポートをいただきました。お礼申し上げます。

謝辞

村尾　遼平

本書はクラウドファンディング

「これって、シロ?クロ?　あなたの日々の暮らしには〈犯罪への落とし穴〉が潜んでいる」（２０２２年９月〜11月公開）にご賛同いただいた84名の方から約１１０万円の資金をいただき、出版を実現できました。

ご協力くださいました皆様に心から御礼申し上げます。

ご支援いただいた方々

佐藤　一雄　　斎藤　隆志　　斎藤　通子　　鈴木　真一　　斎藤　悠介

加藤　輝岳　　野呂　剛　　長谷川　清　　中岡　統郷

順不同、敬称略

ほか、全84名の支援者の皆様　本当にありがとうございました。お一人、お一人に厚く御礼申し上げます。

最後にこのプロジェクトのクラウドファンディング公開をサポートして下さったＣＡＭＰＦＩＲＥ様、担当していただいた木村様　厚く御礼申し上げます。

主な参考資料　参考文献

新聞：産経新聞／東京スポーツ／日本経済新聞／読売新聞／神奈川新聞／東京新聞／スポーツニッポン／デイリースポーツ／夕刊フジ

雑誌：Flash／Friday／週刊現代／日経ビジネス

ウェブニュース：日経電子版／産経ニュース／ダイヤモンドオンライン／ネット京都／Westlaw Japan／スポエンニュース／東京新聞ネット／ＮＨＫニュースＷｅｂ／タウンニュースＷｅｂ／朝日新聞デジタル／神戸新聞

テレビ番組：日本テレビ〈行列のできる法律相談所〉／ＮＨＫ総合テレビ〈逆転人生〉／ＮＨＫアーカイブス／テレビ東京〈ジックリ聞いタロウ〉

ホームページ：東京都江東区／自動車保険ジャーナル／神奈川県／厚生労働省／吉本興業／東北電力

書籍　〈裁判官の爆笑お言葉集　長嶺　超輝　幻冬舎新書〉
〈いのちと勇気のことば　日野原　重明　こう書房〉
〈仕事は楽しいかね　デイル　ドーデン　きこ書房〉

著者略歴

高橋　裕次郎(たかはし　ゆうじろう)

1950年　秋田県生まれ。都内在住。1974年早稲田大学法学部卒業
1978年～85年　(株)辰巳法律研究所勤務
1987年　司法試験合格　1990年　弁護士事務所　開設　　東京弁護士会所属
2000年　事務所を千代田区麴町に移転
一般民事事件、刑事事件、商事事件、離婚や相続などの家事事件、破産事件、労働事件など幅広くこなす。　現在　所属弁護士7人
受任の際のモットーは「依頼者に寄り添い全力を尽くす」
2000年から2010年にかけて約80冊以上の法律書を著作、監修の形で出版する
出版社は　　日本実業出版社　三修社　中央経済社　など
趣味は　海外旅行　国内旅行　テニス、ラグビー観戦
E-mail　y-takahashi-law@f04.itscom.net

村尾　遼平(むらお　りょうへい)

1947年　神奈川県川崎市生まれ　横浜市在住　早稲田大学法学部卒業　著述家
日興証券をスタートにビジネスマンを40年経験
60代からライターとして数点出版に携わる
日野原　重明　『いのちと勇気の言葉』こう書房
手塚　治虫　　『未来への言葉』こう書房』　　など
東西、南北分断のシンボルとして韓国・板門店第3トンネル、ベトナム・クチ戦争博物館、ドイツ　ベルリンの壁(かけらを所有)を訪れている
過去の先端技術(既に放棄された)の現地見学として、フランスのパリ・ドゴール空港で怪鳥と呼ばれた　コンコルド　アメリカのフロリダ州ケープカナベラルでスペースシャトル発射台を見ている。
＜魔女狩り＞の現場として　アメリカ　ボストン郊外＜セーラム魔女博物館＞を訪れている。
出張の立ち寄りで　インド　コルコタ(旧カルカッタ)の　マザーテレサハウスも訪問した。
趣味は、囲碁で3段(日本棋院)、映画鑑賞(単館上映ものも含む)、ローカル線乗車。
E-mail　murao232425@gmail.com

これってシロ？　クロ？　身近な法律の135の事例集

2023年 11 月17日　初版発行

著　者　高橋裕次郎・村尾　遼平

発行人　森　　忠順

発行所　株式会社 セルバ出版
〒 113-0034
東京都文京区湯島 1 丁目 12 番 6 号 高関ビル 5 B
☎ 03（5812）1178　FAX 03（5812）1188
https://seluba.co.jp/

発　売　株式会社 三省堂書店／創英社
〒 101-0051
東京都千代田区神田神保町 1 丁目 1 番地
☎ 03（3291）2295　FAX 03（3292）7687

印刷・製本　株式会社 丸井工文社

ISBN978-4-86367-856-9